乗務員室からみたＪＲ

英語車掌の本当にあった鉄道打ち明け話

元ＪＲ東日本車掌
関 大地
Daichi Seki

YUSABUL

はじめに

「あっ◯◯線だ‼」、今日も鉄道沿線で颯爽と走り抜ける列車を指差しながら、満面の笑顔ではしゃぐ子どもたちの声が聞こえる。もしかしたら、あなたも過去にそのような経験をお持ちかもしれない。

男の子であれば、一度は鉄道のおもちゃを片手に、「出発進行‼」などと言って、鉄道員になりきったりすることもあるだろう。また、最近では鉄道系YouTuberとして女性も活躍している。

僕のYouTubeやSNSのコメント欄に寄せられるメッセージは中学生・高校生が多い。将来の職業の選択肢として鉄道会社を視野に入れている人や、趣味の視点から質問をしてくれる人といろいろであるが、それらが途絶えることはない。

僕は現役時代、乗客のことを一番に考えていた。乗客一人ひとりが何を求め、どのようにしたら多くの人に喜んでもらえるのかを念頭において行動していた。しかし、現在は僕の考え方自体が大きく変わった。

鉄道の仕事は人を繋ぐ。「線路は続くよ、どこまでも～♬」という曲の通り、たくさんの人を繋ぐ素晴らしい仕事だと思っている。

実際に鉄道の魅力に引き寄せられたファンも多くいる。その中には、実際に鉄道員を目指す人、鉄道に乗ることが好きな人、沿線から唯一無二の写真を求めてシャッターを切る人と様々だ。このように鉄道というものは、たくさんの視点から楽しむことができる、素晴らしいものである。

しかし僕は、車掌をしている時、月曜日の朝はあまり担当したくなかった。その理由はほとんどの人が下を向いて、憂鬱そうな表情で通勤・通学していたのだ。

本来であれば、週末を家族や仲の良い仲間と過ごして、リフレッシュしてパワー全開の状態で月曜日を迎えてもいいだろう。しかし現実は、行きたくないオーラが月曜日の電車内に蔓延している。

そう気づいたある日から、「僕の鉄道経験を活かして、子どもから大人までみんな笑顔にしたい！」と思うようになった。鉄道を趣味やコミュニケーションの場にしようと考えたのだ。

現在、僕のお茶会やイベントは平日であっても多くの人が参加してくださる。鉄道のように利用することを目的とせず、自分の心を満たすために利用している。そのため、参加者の瞳はいつもキラキラしている。

僕は幸いこの鉄道を仕事にすることができた。そしてインバウンドやグローバル化が進む中、高崎線で英語アナウンスを最初に取り入れ「英語車掌」と呼ばれるようになった。

しかし、驚く人もいると思うが、僕は駅員を経験していない。通常は駅員、車掌、運転士とステップアップしていくわけだが、僕は異色のルートを辿ってきている。

僕は、高卒でこの東日本旅客鉄道株式会社（以下、ＪＲ東日本）に入社したわけであるが、最初に配属されたのは新幹線の保線を担当する職場だ。高校時代に土木を専攻していて、測量関係の国家資格や溶接、小型の建設機械を運転できる資格も持っていたため、保線職場に配属されたのだ。

僕のように保線出身で車掌になったケースは実に、稀である。経営者であれば、会社の将来のヴィジョンを踏まえてその道のプロを育成する。せっかくそのポストの後釜を得たのに違う道を希望していたら、残念な気持ちになるだろう。

現にＪＲ東日本の場合、駅員配属になった人は車掌、運転士と進み、保線係員は、保線のプロフェッショナルになっていく。僕はその中でも異色な進路を辿った珍しい鉄道マンである。

僕が入社した2002年当時は、入社時点でどの分野に配属になるかわからなかった。土木科を卒業しても駅員になるケースもあったし、逆に商業科を卒業してもメンテナンス系の職場に配属されることもあった。

僕は保線職場に配属が決まってからもずっと「車掌になりたい！」という気持ちを持ち続けて毎年車掌試験を受けていた。やっぱり車掌の仕事は花形だから……と思われるだろうが、僕には別の理由があった。

詳しくは後述するが、僕は恩師と「必ず車掌になる」と約束をしていたのだ。しかし、4年連続不合格という辛い時期もあり、何度も諦めようかと考えたりもした。自分一人で立てた目標は妥協したり、簡単に手が届くような目標にすり替えることができる。だが、恩師や家族、親友と交わした約束はそう簡単には諦められない。努力を重ね、結果的に約束を果たすことができたが、実に様々なドラマがあった。中には鉄道員でさえ知らないこともあるだろう。そう思ってこの本を執筆することにした。

本書では、そんな子どもの憧れの職業の一つである、「鉄道」の舞台裏を紹介してみたいと思う。しばし、お付き合いください。

目次

第3章 列車下の力持ち

第1章

▼

鉄道マンになるための切符

1-1 ＪＲ東日本の入社試験

高校三年の夏休みが明けた9月、僕はＪＲ東日本の受験会場にいた。他の鉄道会社の試験日程を踏まえても、ＪＲ東日本は最後の最後だ。そのため、ＪＲ東日本を狙うとしたら一本勝負になる。もし、不合格だった場合、もう他の鉄道会社は受験できないのだ。

ＪＲ東日本の試験は、ほとんど公務員試験と変わらないと考えるといい。僕は、警察官や消防士も視野に入れていたため、公務員試験対策をしていた。そのため、参考書や過去問題などはそれを準用した。

僕は当時、高卒の枠で受験した。通常の試験のイメージは、一次で筆記試験を行い、そこで合格した人が二次の面接に進めるということを思い浮かべるだろう。しかしＪＲ東日本の場合は、筆記試験と面接を同時にやってしまうのだ。

ＪＲ東日本の試験は公務員試験と似ていると書いたが、もちろん違うところもある。それは「適性検査」というものだ。ＪＲ東日本の試験には医学適性検査と運転適性検査というものがある。

医学適性検査と聞けば、「身体の健康は問題ないか」をテストしたいことは簡単に想像できるだろう。では運転適性検査とは何だろうか？　これは、運転業務に適しているかどうかを判断する検査である。

この運転適性検査は運転士だけの問題ではない。保線係員のようなメンテナンス部門の人でも、業務用車を運転して現場に向かう。そのために信号の色を正確に判断したり、異常な音をしっかり聞き取れるかということをテストする細かい検査である。

代表的なものは内田クレペリン検査だ。3～9までの数字がぎっしりと並んでいて、隣り合った数字を足して、その1の位の答えをスペースに記入していく。例えば、5、9と並んでいたら、14になるので、その1の位の4をスペースに記入するのだ。そして、試験官がタイムを計り一定の時間が過ぎると、次の段に移動するように声が掛かる。その時点で、問題が途中であろうが必ず次の段に進まなくてはならない。

この試験は慣れというものもあるが、練習したからクリアできるというものではない。間違えずに計算できることはもちろん、集中力も関係するのだ。

例えば、1行目の問題を40問答えられたとする。しかし、次の行の問題が10問しか答えられなかった場合、集中力がない人だと判断されるかもしれない。この基準は採用側にしかわからない。

よく、「この内田クレペリン検査を練習しておいたほうがいい」と噂も聞くが、この検査を練習しても意味はないと感じる。これをやるくらいなら、公務員試験のような一般教養に時間を割いたほうがいいと僕は思う。

面接は、複数人の面接官から様々な質問を出され、それに答えていくという形式だ。ここで鉄道の細かい知識を持っていたほうがいいのか、ということであるが、それはあまり関係ないだろう。実際に、入社すると「総合研修センター」といって、鉄道員養成スクールのようなところに入る。鉄道の知識はそこで身に付ければいいので、まずは社会人になるための決意を伝えればよい。

僕は、自分の性格や経験をベースに、JR東日本に入社したら「このような場面で活躍できる」と熱く語ったことを記憶している。

例えば、部活動の部長をしていた、全国大会に出場した、学生の時にイベントを主催し数百人集めた、というような輝かしい経歴を自慢するというよりは、その経験を活かして「この分野で具体的に活躍できますよ」ということを伝えたのだ。

僕も現在は経営者だが、経歴自慢だけの人は採用しない。今後、会社が進むべき方向性を理解して、『このような場面で活躍できるな』と可能性を見出せる人材がほしい。

そのような逆算をすれば答えは簡単に出た。「僕は絶対にＪＲ東日本に入って、◯◯の分野で活躍したい。だから◯◯のことを調べて、どうしたら会社の力になれるかどうかを常に考えて行動してきた」という内容を熱く語ったのだ。

こんな熱いことを本音で言う人が目の前にいる。履歴書にもその発言に偽りのないソコの実績が記載されている。そんな人間が受からないわけはない。結果的に合格したわけだから何とでも言えると思うが、それが入社できた最大の理由だろう。

また、これから中途採用でＪＲ東日本を目指す人は、今の業務で飛び抜けているものを一つつくり、突っ走っていただきたい。この少子高齢化で働き手不足の現在、特にメンテナンス系の職場ではあなたの能力を欲しがっている。

鉄道員を目指している人は、このようなことを意識して日頃から準備をしておくといいだろう。入社試験もＡＩで判断される時代が来ればわからないが、面接官も同じ人間だ。これをやってきたからＯＫ、やってこなかったからＮＧなんてことはない。

自分がやりたいことだけを前面に押し出すだけでなく、会社と相思相愛になれることを熱く伝えられれば、どの企業でも採用されると感じる。心より応援しています。

1-2 高卒でＪＲ東日本に入るためにやってきたこと

僕は高校では土木科に所属していた。簡単に説明すると、測量や図面の製図などの技術を磨く学科である。そのため、同級生の主な就職先は、建設省（現・国土交通省）、道路公団（現・ＮＥＸＣＯ）、地元の測量会社や建設会社が大部分を占めていた。

僕がこの高校に入ってからＪＲ東日本を受ける人はほとんどいなかった。現にＪＲ東日本に入社した先輩は４つ上に２人、３つ上に１人いたが、僕が入社するまで空白の数年間があった。

そのような状況で、僕はどうにかして合格するための活路を見出さなくてはならなかった。まずは、行動しなくては何も変わらないと思い、実際に近くのＪＲの路線に乗り、現役乗務員に「どうすればＪＲ東日本に入社できますか？」と質問をしていった。

高校生ながら、入社するには「その会社の社員に経験や対策を聞くのが一番効果的」だと考えたのだ。時間と足、更にはお金（電車賃）、を使って情報をかき集めていった。

しかし、下調べを十分に行ってから、先生に「ＪＲ東日本を受けることに決めた！」と伝えに行ったにも関わらず、あからさまに複雑な表情をされた。

その原因は、成績。今では「英語車掌」と呼ばれるようになった僕だが、実はJRに入社できるかどうかわからないほどの成績の持ち主だったのだ。

結論から言うと、僕の高校からは推薦は1人しか出せないのだという。しかも、僕よりも優秀な人が何人も受けるのだとか。そんなことを言われ、僕の競争心にさらに火がついた。

まず、高校生の時は新聞を読むという習慣がなかったが、これを機に読むようにした。普段、父親が読み終わった新聞を手に取ることもあったが、その時はスポーツ欄とTVの番組表ぐらいだ。

試験を意識するようになってから、よくわからない新聞の記事にも目を通すようになった。そうは言っても、難しい言葉だらけですぐに飽きてしまうので、気になった記事の見出しを見つけては、サラッと目を通す程度だ。まさに速読である（いや、これを速読とは言わないか（笑））。

それでも、目を通すだけで、世の中で起きていることが少しずつではあるが頭に入っていった。また同時に読書もしておこうと思い立った。勝手なイメージだが、デキるビジネスマンは読書をしているからだ。

とりあえず、僕は書店に行かずに、高校受験の面接対策で買った、乙武洋匡さんの「五体不満足」（1998年発売、講談社）を約3年ぶりに開いた。週刊少年ジャンプが200円ほどで買える時代に、1000円以上もするビジネス本などは高校生の僕には正直手が出なかったからだ。

そのため、自然と高校の近くにある図書館に足を運ぶようになった。ジャンル問わず多種多様な本に目を通したが、結局はスポーツ選手が怪我をして乗り越えたというストーリーや、ミュージシャンの自伝本などしか興味が湧くものがなかった。

今では、記事やニュースの裏側にあることを想像しながら読むようになったが、当時は表面的に『こんなことが起こっているんだなぁ』と思うくらいだった。

しかし、本を読むと自然と文章の組み立て方がわかってくる。当時は作文も苦手であったが、この辺りから文章の組み立て方が徐々に身に付いてきたと感じている（おかげで、今では作家としての道も切り拓けた）。

それからは、起承転結で文章を組み立てられるようになっていき、長い文章を書くことになっても全く抵抗がない。

面接対策も同じだ。普段から人の目を見て話すことができなければ、面接時に面接官の目など見られないだろう。しかも変わっていなければ、ＪＲ東日本の入社試験時の面接官は3人いるはずだ。こればかりは慣れるしかない。

合格発表が出た時は、僕の高校では話題になった。学年トップクラスのメンバーがことごとく不合格で、推薦すらもらえなかった僕が、ただ一人受かったからだ。

数年入社した実績がなかったこともあるが、僕の成績も学年で平均的なこともあってか、まさか本当に受かるなどとは思っていなかっただろう。

会社の人事担当には、入社してから仕事ができるかできないかなんていう、判断はできない。ましてや高卒で初めて入社試験を受ける人は、せいぜいアルバイト経験くらいしかない。そのため、学歴や履歴書に書いてあることで判断せざるを得ないのだ。

驚くかもしれないが、入社試験時に実際に仕事ができるかどうかなんて、そんなことは関係ない。しかし、これから鉄道会社を目指す人は、学歴（成績）も今のうちから上げておくことをお勧めする。少なからず、スタート時点で優位になれる。

1-3 憧れのＪＲ東日本の制服に袖を通す

ＪＲ東日本に入社すると、普段業務で使用する制服が全社員に貸与される。僕は保線の配属であったが、入社式の時だけは同様に駅員の制服を貸与された。

施設系（メンテナンス）社員は、この営業系（駅員）の制服を着ることは入社式の１回ほどしかない。１回ほどというのは、施設系でも指令員になるとこの制服を着用するので、この表現を使った。

指令員という名前はよく耳にすると思うが、これは航空業界でいう「管制官」のイメージだ。その中でも施設指令、電力指令、信号通信指令、と各分野で分かれており、それぞれの系統の社員に対して指令を出す。ここで駅員と同じ制服を着用するのだ。

この制帽も被れば被るほど自分の頭にフィットした形に馴染んでくる。僕はこの制帽のサイズ選びには慎重で、少しキツめのものを選んでいた。

車掌の仕事は「状態看視《じょうたいかんし》」といって、駅に到着する際と、発車する際に乗務員室の落とし窓を下げてプラットフォーム上の安全確認を行う。その時に強風に飛ばされてしまう恐れがあったり、業務中にずり落ちてきて視界が悪くなったりするからだ。

ここでＪＲ東日本の制服についてお話ししよう。僕が入社した２００２年は、ＪＲ東日本は青い色の制服であった。駅員や車掌、運転士も青い制服であり、夏服も冬服もさほど変化はなかった。

ネクタイは今では完全貸与となったが、僕の入社当時には規定はなく、私物を自由に着用することができた。今では考えられないが20年近く前はアニメキャラクターの可愛らしいネクタイをしている先輩もいた（笑）。

また、特急列車担当の場合は、真っ白の制服を着用して夏でもしっかりとネクタイを締めて乗務していた。白い制服は意外と気を使う。汚れが目立つということもあるが、下着の色まで考えないと透けてしまい恥をかくことになるのだ。

車掌になるとこのカッコいい白い制服を着られることもあり、小さい頃から車掌を夢見た人もいるだろう。しかし残念ながら、今ではＪＲ東日本では駅長しか着ることができない。「新幹線の車掌も白い制服じゃないか？」と言う人もいると思うが、ＪＲ東日本では現行の新幹線車掌の制服はうっすらとグレー掛かっている。そのため、本当に真っ白の制服は駅長しか着られないのだ。

僕が入社した翌年の２００３年からは現行の制服になった。鉄道員にはコアなファンがいるためか、制服が闇オークションなどで売買されていることもある。どこから流れるのかは僕たちにもわからない。

制服が一般市場に流れるとどのような問題があるのだろうか？　コアなファンが自宅で着て楽しむだけなら問題ないかもしれないが、過去には、制服を着て乗務員室に乗り込もうとするツワモノもいたのだという。

現在はその対策として警備を強化している。社員であってもそう簡単には乗務員室を始め、様々な鉄道施設に入ることはできない。もし発見されれば、刑法により罰せられるため、本書を読んだ人は特に、興味本位でもやらないでいただきたい。

このような対策の一つとして、定期的に制服が切り替わる。あなたがお馴染みの現行の制服もその時期が来れば切り替わるだろう。

また、ＪＲ東日本の現行の制服には、盛夏服、夏服、冬服と3種類あるが、近年クールビズの推進のために、ノーネクタイ化が適応され、夏服があまり使われることはなくなった。

僕は個人的には冬服が好きであった。ネクタイは貸与される物の中から好きに選んで着用しても良かったこともあり、僕はいつもゴールドのネクタイをしていた。

そのネクタイをよく見ると、白と黒の模様があり、それがどこかしら、地図などで見る鉄道の線路のように見える。なかには僕と同じことを感じた人もいるかもしれない。

ここで鉄道好きの人に聞いてみたいことがある。現行のＪＲ東日本の運転士の制服と車掌の制服で違うところがあることをご存知の方はいるだろうか？　一見言われなくては気づかない点かもしれない。

それは制服の胸ポケットの数だ。車掌には左胸に１つポケットがついているが、運転士の制服には両胸についている。もし興味がある人は、安全の妨げにならない程度にさりげなく確認してみるなり、調べてみるといいだろう。

僕は２００２年まで使われていた、営業の制服、保線の制服、そして翌年から変わった現行の営業の制服、保線の制服と４つの制服を着た経験がある。保線から車掌になったこともありレアな体験もできたのだ。

もし、あと数年鉄道員として在籍していたら、その記録は塗り替えられたかもしれないと思うと少し残念な感じもしなくはない。しかし、制服はファッションではない。警察官もファッションで制服や拳銃を身につけているわけではない。警察官も鉄道員も、その職務を遂行するための責任を一緒に身につけているのだ。

1-4 圧巻！ ＪＲ東日本の入社式

２００2年4月1日、僕はＪＲ東日本の入社式の会場に立っていた。滅多に緊張しない僕も、この時ばかりは流石に緊張した。恐らく口を開けたまま多くの時間を過ごしていたに違いない。

まず壇上のＪＲ東日本の超大型のロゴに目を奪われる。また、ＢＧＭで社歌がループ再生で流れている。また、話の内容まではわからないが、大勢の人が希望や不安についてそれぞれの会話をしていてざわついていた。

僕もそこに溶け込んでいるわけだが、その数に身が縮む思いだった。ＪＲ東日本は、誰もが知る日本最大の鉄道会社だ。入社人数もハンパではない。

この会社に入社する人は東日本エリアだけでなく、全国各地から集まる。そのため、４月１日の朝、入社式の場に立つために前泊してその日を迎えることとなった。

同じエリアの社員は事前ミーティングなどを数回行っていたため仲良くなっていたが、ＪＲ東日本は全部で12支社ある。僕と一緒に入社した同期の社員数は１４００人ほどでエリアや分野ごとに分かれて整列している。「さすが大企業」と感じさせられる状況だ。流れていた社歌が急に止まり、同時に司会が入社式の開会を告げる。すると今までざわついていた会場は一瞬で静まり返った。会場が緊張した空気に包まれる中、ある一人の人物が壇上に上がった。

僕を含め、会場内は次の瞬間、壇上に釘付けとなった。社長だ。社員数が数万人（入社当時7万5千人）の企業となると取締役クラスの顔を生で見ることは滅多にない。

また、大きな会場のため、社長を肉眼で確認するのも困難な状況だ。社長の話す姿が大型スクリーンに映し出されていて、僕の目線は、小さく見える社長本人と大型スクリーンを行ったり来たりしていて、社長の動きを目で追うことしかできなかった。

一説によれば、「社長の姿を生で見られるのはこの入社式だけ」という噂も流れるほどで、この瞬間を記憶の中にしっかりと焼き付けておきたいという思いに駆られていた。

僕は以前よりテレビや雑誌で社長の顔を拝見していた。まるで目の前に芸能人がいるかのような感覚だ。失礼だが、正直なところ、その時社長が何を言ったかなどは覚えていない。

よくテレビで大企業の社長が記者会見をしているのを、ボーッと観るあの感覚に近かった。頭の中に『すごいなぁ』という言葉がグルグルと回っていた。

JRこぼれ話❶

敬礼の本当の意味

「気をつけ！　敬礼！　なおれ！」今日もこの掛け声から乗務が始まる。

しかし、この敬礼の本当の意味をご存知の人はいるだろうか？　そもそも敬礼とはどういうものなのだろう？　これは字の通り「相手を敬う礼」である。

これは会社の上司や、組織の上官に対して部下や目下の者が行う礼だ。それに対して上司や上官が「答礼」といってその敬礼に答える。

この敬礼は所属する組織によってだいぶやり方が異なる。例えば鉄道員は、敬礼をする際は右手の5本の指全てを揃え、額部分に添える。しかし、海外では手のひらを相手に向けたり、二本指で行うなどと様々だ。

よく女の子が、可愛らしく親指を出して、アルファベットの「L」のようにして写真などに写っているものもあるが、基本的に鉄道マンは5本の指を揃えている。

そもそも、敬礼とは何なのか？　鉄道員も事務所内で作業している時など、脱帽している時に礼をする場合は、いわゆる「お辞儀」をする。あくまで敬礼は制帽を着用している時にやる礼なのだ。

この敬礼の由来は、中世ヨーロッパまでさかのぼるという説もある。部下が戦いの場から帰ってきた際は、自分が味方であることを上官（王様）などに顔を見せて、報告する。確かに、全身甲冑であれば外見では敵か味方かわからない。その時に顔のバイザーと呼ばれる部分を右手で挙げた動作が敬礼の由来というわけだ。

また、この敬礼には他にも理由があるといわれている。それは軍隊などの場合で、右手で敬礼することにより、利き手に武器を持っていないことを示しているという説もある。

その他にも、よくサッカーのワールドカップなどで国歌斉唱の際に右手を左胸に当てている選手がいる。これも実は答礼の一つだといわれている。

その国を代表してその場に立っている。国民の思いに答えるという意味で「答礼」をしているのだ。

このように礼の一つをとっても様々な意味があるのだということがわかる。僕も何か新しいことを始める時は形から入る性格だが、これから鉄道員を目指す人はこの敬礼の意味を是非押さえておいていただきたい。

第2章

▼

リアル鉄道員養成スクール

2-1 JR東日本の超巨大研修施設

入社式が終わると、およそ1400名がそれぞれの分野（約30クラス）に分かれて、鉄道の知識を短期間で詰め込むカリキュラムに入った。ここは「総合研修センター」と呼ばれている場所で、一言で表すと、JR東日本が運営する「鉄道マン養成スクール」だ。

新入社員は、必ずこの施設に入り、全員が約1ヶ月みっちりと知識を詰め込む。そして、晴れて現場第一線で活躍する鉄道マンになるのだ。

ここで、研修を受けるこの施設について少しご紹介したい。各クラスルームは、ホワイトボードやプロジェクターなどが完備された環境の中、座学で学んだり、実際に実習線と呼ばれる本物のレールや車両を使い訓練するものもある。本当に、この施設一つあれば鉄道員を思うがまま育成することができる。

通常、50人ほどが受ける研修であれば、多少大きめな会議室があれば十分だろう。その多少大きめな会議室がこの総合研修センターの1クラスだ。

実は新入社員以外にも、中堅社員やベテラン社員向けの研修プログラムも別のクラスで開催されている。そのような人数を一度に収容できる超巨大施設とだけ言っておきたい。

また、一度に2000～3000人ほどJR東日本の社員が収容できると聞いて、「それほどの社員が一度に集まって列車が動くのか？」という疑問を抱く人もいるだろう。しかし、安心してほしい。鉄道員はローテーションで勤務が回っているため、これによって列車が運休になることはない（笑）。

JR東日本に入社すると驚くほど様々な研修がある。ここで全てを書いたら1冊の本が出版できそうだ。実際に、僕が鉄道員になってから退職するまでの17年の間でも、100回以上は受けただろう。

例えば、車掌のような業務内容であれば、ある程度回数も限られてくるが、メンテナンス系の社員であれば、担当者ごとの研修がある。線路工事を計画する担当、分岐器を管理する担当、そして、管理システムの担当などなど数え切れない。

同じ担当でも、ルールが変わるなどして、何か業務の見直しなどが発生したら、新しい知識を一から詰め直すことになる。その度に何度も足を運ぶのだ。

話が少しずれてしまったが、そのような研修生が一度に研修を受ける施設は、言わば一つの大きな学校と言っても過言ではない。いや、むしろ学校とホテルが融合したような施設だ。

施設内は、研修生全員が宿泊できるような設備やスポーツジム、大浴場、大食堂、売店が完備されている。外に目を向ければ、サッカーやテニスなどのコートもある。

それにしても広い施設だ。実際に僕が宿泊していた部屋から、授業を受けるクラスルームまで、遠いところでは移動だけで10分以上掛かることもあった。

放課後はルールはあるものの基本的に自由だ。外出したければ申請すれば可能である。見極めの試験前はみんな各部屋に籠るが、比較的余裕のある前半のうちは、それぞれがリフレッシュするために動き回っていた。中にはスポーツでアキレス腱を切ってしまうほど頑張ってしまった人もいる。その人がどうなったかは僕は知らない（笑）。

僕はストリートダンスをやっていたこともあって、もっぱら体育館かスポーツジムにいた。この時ばかりは、系統関係なく交流が図れた。その時に知り合った東京支社の同期がDJをやっていたこともあってか、気が合いよく話していた。この同期は現在山手線の車掌をしていて、現在もSNSで繋がっている。

このようにスポーツをした後は、一度に100人近くは入れるサウナ付き大浴場で疲れと汗を洗い流す。混んでいる時は、大浴場とは別の場所に個室のシャワールームまである。

さすがＪＲ東日本。時間が勝負の会社は、このように一人ですぐに汗を流し、自分の持ち場に戻ることも重要だ。

汗を流した後は、大食堂で腹を満たし各部屋に戻る。僕が新入社員研修を受けた時は、チームワークを磨くために、４人１部屋となった。４人部屋だからといって、２段ベッドが２つなどというお粗末なものではない。リビングのようなメインの部屋が１つ、そして、寝室も完全個室に分かれていてプライベートも守られている。

メインの部屋では、ルームメイトと授業の振り返りをしたり、他愛のない会話を楽しんだりしてくつろぐこともできる。逆に個室に籠り授業の復習などに時間を費やしたり、疲れを癒すために先に就寝したりとこれもその人の自由だ。

他にも研修によっては、少人数で受講するものもあるため、もちろん１人部屋、２人部屋などとバリエーションがある。後に受ける研修は個人の担務のものになるために、このような少人数部屋になることが多い。

もちろん朝も安心だ。朝の決まった時間になるとスピーカーからメロディが流れ、全員一斉に起きる。そして、ＪＲ体操と呼ばれるラジオ体操のような体操をして、体をほぐしてから研修に入った。このようなローテーションで研修は進められるのだ。

2-2 鉄道を背負って立つ戦友

当時は、営業（駅員）スタートのクラスとなると、大概は支社ごとにまとまったクラスになる。また最近ではJR東日本では12支社あるが、人数の関係や交流を深めるなどの理由で2つの支社が同じクラスになるということもあるようだ。

当時、僕が配属された施設系の27組は特殊なクラスで、全支社から2人ないし、3人ほどが1クラスに集まったのだ。僕の所属していた高崎支社は施設系の社員が僕の他に1人いただけであった。

北は青森、南は静岡の東日本すべてのエリアからメンバーが集まり、この27組が結成された。およそ1400人入社したうちの9割が駅員として、そして1割が保線や電力、信号、車両などの技術系である。

クラス分けがされると、さっそく配属される仕事の実務に関する授業が開始された。実際のカリキュラムに入ると、僕たちは「レールとは？」というところから授業が始まる。

駅員からスタートした社員は「切符とは？」とか「駅とは？」というところから始まっ

たというから、本当に系統ごとのプロフェッショナルが養成される仕組みづくりが完璧である。

施設系の僕らは、本当に安全に必要な理論やメンテナンスするための数値をひたすら叩き込んでいった。例えば、「線路が曲線の区間では、列車の速度が◯km／h出て遠心力が働くから、外側のレールを少し高くしてそれに応える」というような中身だ。

新幹線の場合は、さらに高速のため、単純に外側レールを高くするだけではなく、同時に内側レールを少し下げるなどという細かい知識をここで叩き込んでいく。

僕の入社した2ヶ月前の2002年2月、JR東日本はメンテナンス関係の大改革がされ、本体業務のほとんどをパートナー会社に委託した。

これは、JR本体は管理のプロ、パートナー会社（以下、P社）は施工のプロと業務を分けることにより、それまで以上にそれぞれの業務の質を高めるという趣旨のものだ。

僕たちは、この変革の直後に入った初めての社員だった。その時は何が何だかわからなかったが、今までとはまた違った大変さがあったのだ。

メンテナンス業務を管理のプロ、施工のプロと位置づけ、実際の工事はP社が行う。そのために実際のレールをジャッキで持ち上げて高さ調整をしたり、傷が付いたレールの頭頂面をグラインダーで削ったりする作業がJR本体ではなくなったのだ。

当然だが、現場の作業を知らずに正確な指示を出すことは困難である。現場の作業員に、「現場監督（JR社員）は仕事知らねーなぁ」と絶対に言われたくはない。今までと違った方法で知識や技術を身につける必要が求められたのだ。

そのために僕たちは必死に勉強して知識をつけていった。そして、現場に配属されたらその中身をいち早く照らし合わせて、身体で仕事を覚えていくんだ、という気持ちと焦りがあった。

授業が終わると、4人一部屋の寮生活が始まった。僕たち高崎支社2名と水戸支社2名が同じ部屋で寝食を共にした。食事は毎日3食栄養バランスの良いものが無料で出てきて、これらを、給料をいただきながらできたことは、今考えれば本当に感謝しかない。

また、出身も職場も違うメンバーと初めて顔を合わせた時は妙な連帯感が湧いた。他の企業の話を聞くと、同期入社は出世などの利害関係が生まれ、あまり助けたりしないということを聞いたこともあった。

しかし、僕たちにはそれが全くない。研修が終わればそれぞれのエリアで働き、それぞれの業務をもつ。違う職場であるため、ライバル意識は全くない。むしろ、悩みなどを共有できる仲間だ。

僕はこのいわば「戦友」のおかげで、非常に中身の濃い研修生活を送ることができたのだ。週末になると、エリアごとにまとまって帰省するのだが、駅員に配属された同期は、「休み明けまでに◯◯線の駅名を覚えてこなくてはならない」と漏らしていた。しかし、その表情は、ノルマを与えられて苦痛という表情ではなく、「遂に鉄道員になった」という喜びに満ちた表情である。

こちらも負けじと「こっちは、レールの幅は在来線は1067㎜で、新幹線は1435㎜とか覚えたんだぜ〜‼　駅員は知らないだろ〜‼」なんて会話をしていた。

桜が満開のこの時期に、自分の心も満開だ。社会人になっても青春できるとは夢にも思っていなかった。自分自身が鉄道員になっていく充実感と同時に、責任感も抱えるようになっていた。

入社してからは3ヶ月間「試用期間」と呼ばれる期間がある。もしその3ヶ月間に社員として不適格と判断された時には、解雇されてしまうシステムだ。

鉄道の仕事は確かに憧れではあったが、趣味の延長線上でも何でもない。社会人として、この会社で生き残っていくための決意を固めた瞬間でもあった。

2-3 鉄道員かスポーツ選手かわからない!?

ＪＲ東日本の社員になると必ず通らなくてはならない道がある。それは声出しだ。研修センターの中でも物凄い大きな声で、「右よし‼　左よし‼」などと指差喚呼して安全を確認する動作を身体に染み込ませる。

時折、駅のプラットフォームに立っている際に、線路で鉄道員が大きな声で訓練をしているところを見かけたことはないだろうか？　鉄道員は、いつ起こるかわからないトラブルのために、定期的に線路に出て訓練を行っている。

これは、一見野球部など運動部のようなイメージだ。怒鳴り声のようなものが飛び交う。初めてこの光景を目の当たりにする人は異様な光景に映るだろう。

腹の底から大きな声を出して、これから行うことを上司に申告したり、結果を報告するなどして、同僚と一緒に確認する。この声出しに、職種や性別は関係ない。

鉄道員の仕事は完全なチームプレーだ。運転士と車掌、駅員、メンテナンス社員、企画部門など様々な分野で「鉄道」というものを走らせている。どこの分野に配属されたとしてもこの声出しは不可欠だ。

この訓練が終わった時には、声がかすれるほどである。ここまでやって何になるのだ？と感じる人もいると思うが、鉄道事故や災害のほとんどは屋外で起きる。静かな会議室で会話をするのであれば、そんなに大きな声を上げなくても良いだろう。

しかし事故が起きて、自動車の運転者や歩行者に注意喚起をする場合には、これでもか？と思うくらいの声を出さないと気づいてもらえないこともある。

鉄道の現場は、基本的には騒音がつきものだ。踏切の警報音や工事現場の作業音、他にも走行する自動車内の音楽のボリュームなど、鉄道員の声以外の要因が山積している。

僕はこの異様とも取れる「声出し訓練」をしていて、本当に良かったと感じることが何度もある。それは自分の担当している列車で具合の悪い人がいた時のことである。

車掌は通常、列車内であればマイクを使ってアナウンスをすることができるが、トラブルが発生した時や、現場に向かった時は物理的にマイクを使うことができない。

その時は、駅に停車している時にＳＯＳボタンが扱われ、その車両に向かったのだが、他の駅員の応援が必要だった。しかし、それが通勤時間帯などで混み合っていて、多少声を張ったところでなかなか届かないのだ。

具合の悪い人の救護や、旅客のケンカなどのトラブルも同じであるが、その時に大声を出すことをためらえば、ものの数秒で事態が急変してしまうこともある。

最近では、携帯電話や無線などで駅員や救急隊を呼ぶこともできるが、具体的な場所を伝えるためには、最終的には現場にいる鉄道員が大きく手を振って「こっちです‼」と伝えなくてはならないのだ。

そう、少し大袈裟かと思うくらいのオーバーアクションでないと応援にきた人に伝えることができない。この度胸をつけることが入社時の訓練では本当に大切なことだと実感した。

人間というのは面白い生き物で、なぜか本番で成功したがる。しかし、練習でできないことが本番でできることは滅多にないのだ。「本番になればどうにかなるでしょ?」なんてことは幻想以外の何ものでもない。

2019年10月12日、陸上、男子マラソンのエリウド・キプチョゲ選手が、フルマラソンの2時間切りを達成したことは記憶に新しい。

この時は、オーストリア・ウイーンにあるプラーター公園に特設されたコースで、1時間59分40秒2という記録を叩き出した。この記録を出すために、総勢41人のペースメーカー

（並走者）や新記録を達成するために先導車からレーザーを道路上に映し、このレーザーから遅れを取らなければ新記録を出せるというような環境をつくり出したのだ。

このキプチョゲ選手の記録は、実際には非公式記録ではあるが、オリンピック金メダリストであっても、このような努力や工夫をしている。

鉄道でも陸上でも、練習の時から本番を想定した訓練や準備をして、やっと本番でも新記録や、本当の実力を発揮することができる。

大規模災害に備えた避難訓練などで、笑顔を浮かべて近くの人と会話をしながら行動したり、『実際にそのような状況に遭遇したらしっかりやればいいや』と動作を省略してしまう人も多いだろう。

かくいう僕も、学生時代は避難訓練時に友達とふざけていた人間である。しかし、今になって考えると、実際に災害などが起きた時に慌てて逃げ遅れる側だったかもしれない。

このような訓練は、どれだけ緊張感を持って取り組めるかによって実際の場面での対応が決まる。「あの時に、しっかりやっておけばこんなことにはならなかった」と後悔しないために今のうちから行動しておくことが必要である。

JRこぼれ話❷

JRの社員同士で名刺交換!?

僕がJR東日本に入社した2002年当時、社員数は7万5千人ほどいた。大企業であると、同期入社であっても、全員の顔と名前は一生一致しないことが多い。採用されたエリアが異なれば接点すらない場合もある。

そうなれば当然のことだが、入社してから退職するまで一度も会わない人もいる。現に、僕が在籍していた支社だけでも3000人ほどいたため、全員名前と顔が一致しなかった。最初に配属された上司に「まずJRでは人の名前を覚えることが仕事だ」と言われたことは、あながち間違いではない。一つの職場が、独立した「別々の中小企業」と言っても決して大袈裟な表現ではないのだ。

運転職場（運転士や車掌が在籍している職場）であれば、一つの職場だけで、本線乗務員が数百人、内勤社員が数十人という規模だ。また、僕が最初に配属となった保線職場は50人以上の社員がいた。そのような職場が支社ごとに数十カ所ある。

基本的に、鉄道の仕事は泊まり勤務が多い。乗務員や駅員は始発列車や最終列車などを担当する場合は泊まらないと勤務ができないのだ。また、メンテナンス系の社員も、列車の運行時間帯ではできない作業も多いため、夜間に行うことが多い。

そのような勤務形態のため、日勤職場の人には信じられないことだと思うが、同じ職場でも会わない人は数ヶ月会わない。それが数十人単位でいるわけだから、名前を覚えるのも一苦労だ。

余談だが、目の前にいるJR社員がどのような職種についているのか見分ける方法がある。それは制服である。運転士や車掌、駅員は、あなたもお馴染みの制服を着ていると思うので、ここではメンテナンス系の社員の見分け方についてお伝えしたい。

まず、メンテナンス系（保線・土木・建築・機械・電力・信号通信など）の社員は車掌や運転士と違う制服ということはご存知だろう。そう、現場でヘルメットや安全ベストや安全靴を着用している社員だ。

たまに、駅員でも線路設備の塗油作業のためにヘルメットを着用している人も見かけるが、基本的には駅員の制服でヘルメットを着用している。

実は、そのヘルメットのデザインで系統が判断できるのだ。JR東日本のメンテナンス系の社員の場合、ヘルメットのラインの色によって職種が分かれている。

基本的に現場に出る時は黄色いヘルメットを着用している。たまに白いヘルメットの人を見かけるが、その人は列車見張員だ。黄色か白かという違いはあるが、そこにデザインされているラインは全て共通である。

まず、緑色は施設系である。施設系とは保線（レールやマクラギなど）、土木（トンネルや橋脚など）、建築（駅舎など）、機械（エスカレーターや自動改札機など）がそうだ。次にオレンジ色が電力（架線や電力設備全般）、信号通信（信号機、踏切など）である。次に青色が車両系（車両の修繕や連結併合など）である。このように見た目からもどの分野の社員かわかるようになっているのだ。

しかし、本社や支社のようにスーツ姿で業務を行なっているところもあるため、そのような場合は、なかなか判断が難しい。

そのようなこともあり、ＪＲ東日本の場合は、実際に本社や支社などで打ち合わせを行なう時は同じＪＲ東日本の社員同士の打ち合わせでも名刺交換をすることも多い。

もちろんメンテナンス系職場の場合は、工事の打ち合わせで、ＪＲ内の社員以外にもパートナー会社と呼ばれる他企業の人との打ち合わせも頻繁に行なう。この場合は、ＪＲ以外の会社と同じだ。

運転職場（運転士や車掌）は契約などの業務がないため、名刺を持っていない人も多いが、プロジェクトの発表や他企業との交流などで必要な場合は、その都度支給される。

僕は、車掌時代は英語関係のプロジェクトやグローバル研修など、様々な部署や他企業の人と打ち合わせをすることがあったため、名刺を持たせてもらったこともあったが基本的には乗務員は持っていないことが多いだろう。

そのため、もし列車で良いサービスをしてもらい、乗務員の名前を知りたくて「名刺をください」と言っても、ほとんどの乗務員は持っていないと思う。その場合は、「こんな良い車掌がいた」と駅のほうへ申告していただけると嬉しい。そのほうが乗務員は喜ぶ（笑）。

ＪＲ東日本に在籍していた当時は、名刺ホルダーの中にはＪＲのロゴが入った名刺がズラーっと並んでいても何も感じなかったが、ＪＲを退職し様々な企業の人とお会いし、頻繁に名刺交換をしている今だからこそ、同じ会社内で名刺交換をする違和感を今更ながら感じるようになった。

何事もそうであるが、その風土に触れているとそれが当たり前になってしまう。客観的に物事を捉えるようになると、実は「当たり前」のことが貴重なことだったりすることに気づいたのであった。

第3章

▼

列車下の力持ち

3-1 初めての新幹線線路

ついに僕は現場に配属となった。高崎支社の新幹線の保線の仕事だ。新幹線の仕事は鉄道の中でも特に気を使う仕事だ。その走行速度の速さから、些細なことでも大きな事故に繋がってしまう恐れがあるからだ。

まず、新入社員の初めの仕事は、お茶汲みで職場の先輩に顔を覚えてもらうことだった。お茶汲みに関しては、どの企業でも同じだと思うので省くことにする。そして次は現場までの道順を覚えることだ。ここでは現場の道順を覚えることの重要性をお伝えしたい。

配属初日、僕は上司や先輩方と現場に出ることになった。「JR」と大きく社名の入った、ワンボックスタイプの業務用自動車に乗り込み現場に向かう。僕はどのような現場なのか胸が高鳴っていた。

車に乗り込むのと同時に、上司が「もう、仕事は始まっているよ」と優しく口を開く。僕は何のことだかわからなかった。「確かにさっき点呼をして今は勤務時間中だよな、何のことだろう?」と頭の上には大きなクエスチョンマークが出ていた。

僕の返答が遅かったためか、上司がすぐに笑いながら答えを教えてくれた。「関くん、現場に行くまでの道を覚えることも立派な仕事の一つなんだよ」

ハッとした。実際の線路のことで頭の中がいっぱいだったのだ。確かにそうだ。何かトラブルが発生した時に現場に行けなければ、仕事ができるできない以前の問題である。

僕が配属された保線の部署は、上越新幹線、長野新幹線（後の北陸新幹線）の線路の保守を担当する職場で、南は大宮、北は新潟県境、長野県境という広範囲に渡る。

18歳で入社した僕は、後に「JR」と大きい看板を背負った業務用自動車に、初心者マークをつけて運転したがなんとも恥ずかしい気持ちだった。これほど早く歳を取りたいと思ったことはなかった（笑）。

現場に到着し、まず驚いたことがある。それは厳重な警備だ。当然のことながら新幹線の線路に入るまでは社員でも何重ものセキュリティー関門を抜けなければならない。

実際に新幹線の線路まで辿り着くと、一般人は決して見ることができない光景が広がる。超高速の新幹線が走るため、そのほとんどが直線に近い。左右を見渡しても数キロ先まで見渡せるほどの景観だ。

鉄道の現場では、作業責任者と列車見張員という最低2名以上のパーティーを組んで業務にあたる。作業責任者は、当然のことながら線路の異常の有無などを確認するなど、その日の作業の総責任を負う。

対して、列車見張員は目立った黄色い制服を着て、列車ダイヤと時計を常に確認して列車の往来のみ確認する。その名の通り、列車の見張り以外の仕事には決して手を出してはいけない。その場にいる作業員全員の命を背負って仕事をしているのだ。

実際に列車が近づくと、列車見張員は作業責任者に「上り列車接近！」「下り列車接近！」と知らせ退避する。新幹線と在来線の見張員は、多少業務や持っているアイテムも違う。

在来線は旗を持ち、近づいてきた列車運転士に退避していることを伝えるのだ。それを確認した運転士は汽笛で応答する。汽笛の鳴らし方や回数も全てに意味があるのだ。

それに対して、新幹線の場合は、運転士に知らせたりはしない。例えば、時速２４５㎞で走行している新幹線の姿を思い浮かべてほしい。

見通しがよく1キロ離れたところに新幹線が見えたとする。それが自分たちの前を通過するのは何秒後だろうか？　これは計算すればすぐにわかることだが15秒ほどだ。

速度が速すぎて運転士が非常ブレーキを入れたとしても、完全に停車するまでは２㎞ほど走行する。そのため、わざわざ運転士に知らせたりはしない。

あなたは、駅のホームに立っている時に新幹線が目の前を通過したことはないだろうか？　それでさえ恐怖すら覚えると思うが、新幹線の保線係員はもっと近いところで仕事をしているのだ。

よく駅のホームで歩きスマホをしている人を見かけるが、僕にとっては信じられない行為だ。歩いている本人からしてみたら実際に列車には触れないだろうと思っているのか、随分余裕だ。しかし、僕からしてみると恐ろしくてそんなことはできない。

なぜかというと、ここでは難しい説明は省くが、列車通過時の風圧やその他の要因で列車側に引き込まれてしまうからだ。

あなたも幼い頃、頭の上に擦った下敷きを乗せて引き上げ、静電気で髪の毛を逆立てる遊びをしたことはないだろうか？　イメージとするとそのような感じだ。

様々な要因が重なって、直接触れない距離に立っていたとしても列車側に引き込まれてしまうことがある。駅員が『うるさいな』と思うほどに「黄色い線の内側に下がってください！」というのはそのような理由もあるのだ。

本書を読んでくださった人においては、今後はプラットフォーム上で黄色い線の内側をしっかりと歩いてくれると信じている。

3-2 保線は大勢の命を守る仕事

保線職場では、現場に向かっている間もパートナーとのコミュニケーションの場となる。業務のことからプライベートのことなど、相手との距離を縮めることができるのだ。

よく土木関係や工事の現場と聞くと、現場監督がすごい威厳を発揮して、新入りやちょっとミスした作業員を怒鳴り散らすような場面を想像する人もいるかと思うが、僕の在籍していた職場にはそういう光景は見られなかった。

鉄道業界は、まもなく大量退職期を迎える。国鉄時代に採用された先輩方がいなくなることもあり、『今持っている技術を後輩に継承させなくては』と愛情を持って接してくれる。僕が入社した年の保線社員はエリアで2人だけだ。確かに後継者の人数が少ないことも理由の一つだろう。しかし、だからといって甘やかされて育ったわけではない。命に関わる仕事のため、叱られる時はしっかりと叱られていたので安心してもらいたい（笑）。

この保線職場のように担務が一人ひとり違う職場は、少しでも多くの人から様々なテクニックを聞き出すことが鍵となる。よく「仕事は教えてもらうものではなく盗め」と言われることもあると思うが、盗むというより引き出す感じだ。

仲の悪い人と2人きりになると、全く会話がなくなって苦痛だと感じる人もいるだろうが、基本的に僕の職場の人はみんな仲が良かったし、僕たちのような若手に対しては優しくしてくれる方が多かった。

むしろ、あまり話さない人に対しても、どのようにしたらこちらの話題に乗ってくれるのかと考え、自分から話を切り出したほうがいい。当たり前のことだが、自分の知りたい情報は相手にはわからないし、待っていても望み通りの回答が得られないのが常だ。

直接、「この仕事はどうしたら良いですか？」と聞くのが早いが、愛情の裏返しか、「少し考えてから質問しろ」と言う人ももちろんいる。社会人であれば、まずは自分で考えてみて、持論を展開した上で経験者の答えを仰いだほうが良いだろう。

ある日、僕は先輩と2人で業務用車である現場に向かっていた。比較的遠い現場は、こちらの話し方一つでいろいろな話を先輩から引き出すことができる。

皆さんご存知の通り、列車の乗務員はたくさんの乗客の命を守って運転している。通勤時間帯などでは、一度に5000人もの乗客が乗車することもある。大宮駅から東京方面や新宿方面に向かう列車では、その乗客の多さでドアが閉まらないくらいだ。

それは同時に、運転士や車掌などの乗務員は、その5000人もの命を一度に預かっているということでもある。本当に乗務員は、毎回、気持ちを引き締めて乗務している。だからと言って、直接的に乗客と接することが少ない社員が気を引き締めていないということではない。例えば、保線社員であれば、「このレールは0・01㎜ずれているから補正する」と数値とニラメッコをしている。運転士であれば、自分の運転テクニックで揺れないようにブレーキの力を調整する。車掌であれば、聞きやすいアナウンスや乗り換え案内を行なう。これら全てが乗客のことを考えることと言える。

一方、保線で長く業務を続けていくと、目の前のレールやマクラギといった鉄道設備のことを中心に考えるようになるのだが、僕は目先の業務を覚えることに夢中で、乗客の存在を忘れがちになってしまうこともあった。

そんな時に、先輩からとても心に響いた言葉をいただいたのでその話を紹介したいと思う。僕はある日、業務用車の中でこんな質問をしたことがある。

「先輩は乗務員になりたいと思ったことはないですか？」

「最初は、俺も思ったさ。やっぱり乗務員は花形だからな。子どもも鉄道員と言ったらまずは運転士や車掌に憧れるだろ？」

「そうですよね。でも、先輩が乗務員になるのをやめたというか、この道でずっとやっていこうと思った理由はなんですか？」

「あぁ、それは俺たちの仕事が乗務員より多くの人の命を守っているからだな。この意味がわかるか？」

「えっ？　どういう意味ですか？」

「はは(笑)、わからないか？　例えば、乗客が５０００人乗っている列車がある。乗務員は、その５０００人の命を預かっている。俺たちは、その５０００人に加えて運転士と車掌の２名を加えた５００２人の命を守っているんだ。こう言えばわかるだろ？」

「!!!」

「だから、運転士や車掌より俺たちのほうが責任重大なんだぞ。メチャクチャやり甲斐を感じただろ（笑）！　だから頑張ろうな！」

「はい‼」

　まさにその通りだ。そんなことも考えられない自分が恥ずかしくなった。少し考えればわかりそうなことでも、意識していなければ意外と気づかないものだ。こういうことを常に考えてプライドを持って仕事をしている人がいるから、鉄道の安全が守られているのである。

3-3 新幹線のシビアな管理に目を疑う

新幹線の保線は本当にシビアだ。線路の揺れを専門に管理している担当は、レールの長さ40mに対して0・01㎜単位で補正している。そうしないと大きな揺れとなり、乗り心地が悪くなるからだ。

在来線ではもっと短い単位で管理しているが、ここでは僕の担当していた新幹線について説明したいと思う。

現在は40mで管理しているものも、今後更に新幹線の高速化が進めば、この40mが100m、のように長くなっていくことであろう。では、実際にどのようにして管理しているか？　というところだが、実は動的な面と静的な面の2つの視点から判断している。

まず動的というのはなんだろう。これは、軌道検測車（ドクターイエローやイーストアイ）が検測したデータを基に判断することである。

次に静的というのは、保線社員が現場で計測器具などを使用して、実際に現場の状況を確かめることだ。これらの2つを照合させながら、綿密な工事の計画を立てている。

僕が入社する1年前まではドクターイエローが走っていたが、イーストアイに変わったタイミングだったため残念ながら、ドクターイエローには乗ることができなかった。

僕たちはこの軌道検測車のことを「マヤ車（クハとかキハという呼称のようなもの）」という名前で呼んでいた。これは、今でも年配者が電車のことを汽車と呼んでいる感覚に近い。鉄道員は新型のものが導入されても、昔からの愛称で呼び続けることが多かった。新幹線の場合は、このマヤ車（軌道検測車）が10日に1回走って、様々なデータを検出し、工事などの手配を行なう。

高低差においてはレール面整正（バラスト区間は「むら直し」）、左右の揺れに対しては通り整正、左右レールの捻れについては平面性と呼び管理している。

基本的には、イーストアイで検測したデータがチャートとして僕たちの職場に送られてくる。株式投資やFXをやっている人はピンとくると思うが、列車の揺れが波形として表示されている。それを見ながら、僕たちは線路補修の計画を立てるのだ。

そのチャートを基に、現場調査の日程を早急に決め、自らの目で現場を確認しに行く。現場に到着すると、五感を研ぎ澄まし異常の有無を判断するのだ。

例えば、レールとマクラギの間に数ミリの隙間があったとしよう。すると列車がその上を通ると、多少だが沈むような現象が見られ、また多少だが音にも変化が出る。そのようなことを職人肌で判断するのだ。

そして、補修箇所の目星をつけたら、夜間作業などで線路に入り、実際の正確な隙間を専用の器具を使って測り補修に入る。

この時の補修方法だが、高低差については薄い鉄板をレールの下に敷いて固定して調整を行い、左右についてはくさび状の装置の差し込み具合によって調整したりする。

基本的には曲線区間も同様だが、直線区間と管理が多少異なる。在来線の場合、カーブのところにはカントと呼ばれる処置が施される。これはカーブを曲がる時には遠心力が働く、その時にその勢いで脱線しないために外側のレールを少し高くしてその遠心力を分散させているのだ。

しかし、新幹線の場合は高速走行のため、そのような外側だけ調整することはしていない。では、どのような対応をしているのかというと、敢えて外側のレールは上げ、内側のレールは下げている。そのほうが振動も少ないからだ。

例えば、身近なところで考えてみよう。道路と脇の縁石の間に多少の段差があるとしよう。そこにあなたが家を建てて、車を入れようとすると乗り上げる形となり、全身が揺れるほどのかなりの衝撃があるだろう。

では、その段差の場所に、ホームセンターなどで購入してきた、移動が可能な樹脂製の段差解消板を入れるとどうだろうか？　何もないよりはスムーズに車の乗り入れができるだろう。しかし、それでもかなりの衝撃が感じられる。これを鉄道では在来線のイメージだと思っていただきたい。

では次に、業者にお願いして縁石自体を削って、道路から家の駐車場まで綺麗な坂道にしたらどうだろうか？　振動もほとんどないだろう。これが新幹線のイメージだ。

これは「取り付け」と言われていて、保線関係に従事する人は必ず知っていることだ。このように、普段では考えないような計算式が鉄道の保守の世界では使われている。

最近では、街中でも車いすを使っている人のためにあらゆる施設でスロープが設けられて、階段やちょっとした段差でもスムーズに通れるような配慮がされている。そのような視点を持つことが大切なのである。

自分たちが考える、「このくらいでいいだろう」という気持ちが、利用者の想いと一致しないのであればそこにはまだまだ改善の余地があるということだ。そのようなことを、列車の揺れを示しているチャートだけで判断できるようになれば、最高の技術者になれる。

3-4 めちゃくちゃ良いご飯を食べる保線の先輩

入社して間もない頃の話だ。僕は高卒の18歳で入社したため、当時はまだ食い盛りだった。高校時代は空手道部だったこともあり、身長180cm、体重80kgのどちらかと言ったらガッチリした体型だった。

食べることには自信があり、カレーライスであれば、米3合は余裕でいけた。まぁ、言ってしまえば「質より量」タイプだった。朝飯をしっかり食べても10時には腹の虫が鳴き始める。また、昼食をしっかりとっても3時にはこれまた腹の虫が再度騒ぎ始めるのだ。

僕は、大のクルマ好きでアメ車に乗っていたこともあったが、「あいつは車も腹も燃費が悪い」と笑いを誘うこともあった。

保線職場の場合、現場に出ることが多いため、現場近くの定食屋やレストランなどで昼食を取ることが多い。外食する時はメニューの中でも比較的安いものを選んで注文していた。高卒の初任給はたかが知れている。それで大盛りにして周りの人と同じくらいの価格になる。

時には見兼ねた先輩がご馳走してくれたこともあったが、ある先輩と現場に出た時、面白いことを話してくれた。

この先輩は当時で50代の大ベテランだった。50歳代になれば、食も細いだろうと思いきや、いつでも大盛りだ。確かに、JR東日本で50歳代と言ったら給料も良い。そんな先輩が羨ましくもあった。

ある日その先輩に次のような質問を投げかけてみたのだ。

「先輩、いつも良いご飯食べてますけれども、なぜですか？　他の人は、なるべく（値段を）抑えたものを注文しているのに」

「関、お前はバカか⁉　俺たちは何のために仕事してんだ？」

「へっ？　何のためにって、お金を稼ぐためじゃないんですか？」

「わかってないねぇ。俺たちは、文字通り飯を食うために働いてるの。だから飯は良いもん食わなきゃダメだぞ！」

確かに、ごもっともな話だ。おかげさまで、僕は現在好きなものを食べて生きている。36歳を超えてもご飯は一食で二合ほどだ。僕が健康に今でも活動できているのも、この先輩から食に関するマインドを教わったからである。

3-5 始発列車を遅らせる!?

鉄道設備の検査は一言で表すのは難しい。耐久性や使用頻度などの細かい観点から検査周期が決められているためだ。

あなたは「分岐器」というものをご存知だろうか？　列車は車のように自由にハンドルを切り方向転換はできない。そのために、列車の進む方向にポイントを動かし、進路を構成する必要があるのだ。

この分岐器は非常に細かい部品が集まっている。そのために、検査周期も非常に短い。高崎駅を下り方面に出発するとすぐに上越新幹線と北陸新幹線が分かれるポイントがある。これは「38番分岐器」といって、時速160㎞で新幹線が通過でき、全長135メートルの日本一長い分岐器だ。

よく在来線でも、通過列車や行き違い列車との待ち合わせのために駅のポイントを通ることがあるが、かなりの低速であっても、つり革や手すりに掴まらないとフラつくこともある。

それを新幹線の速度でも対応できるように管理しているのはものすごいことだ。

このようなこともあり、新幹線の分岐器の管理は非常にシビアだということがおわかりいただけるだろうか？

僕はある日、分岐器細密検査（以下、分細）と呼ばれる、分岐器（以下、ポイント）の解体検査を行なっていた。この分細はポイントを解体して、普段見ることのできない細かい場所に傷などが入っていないか確認する作業である。

基本的に新幹線は、運転速度が速いために日中時間帯には作業ができない。そこで、最終列車と始発列車の間の時間帯に作業をするのだ。

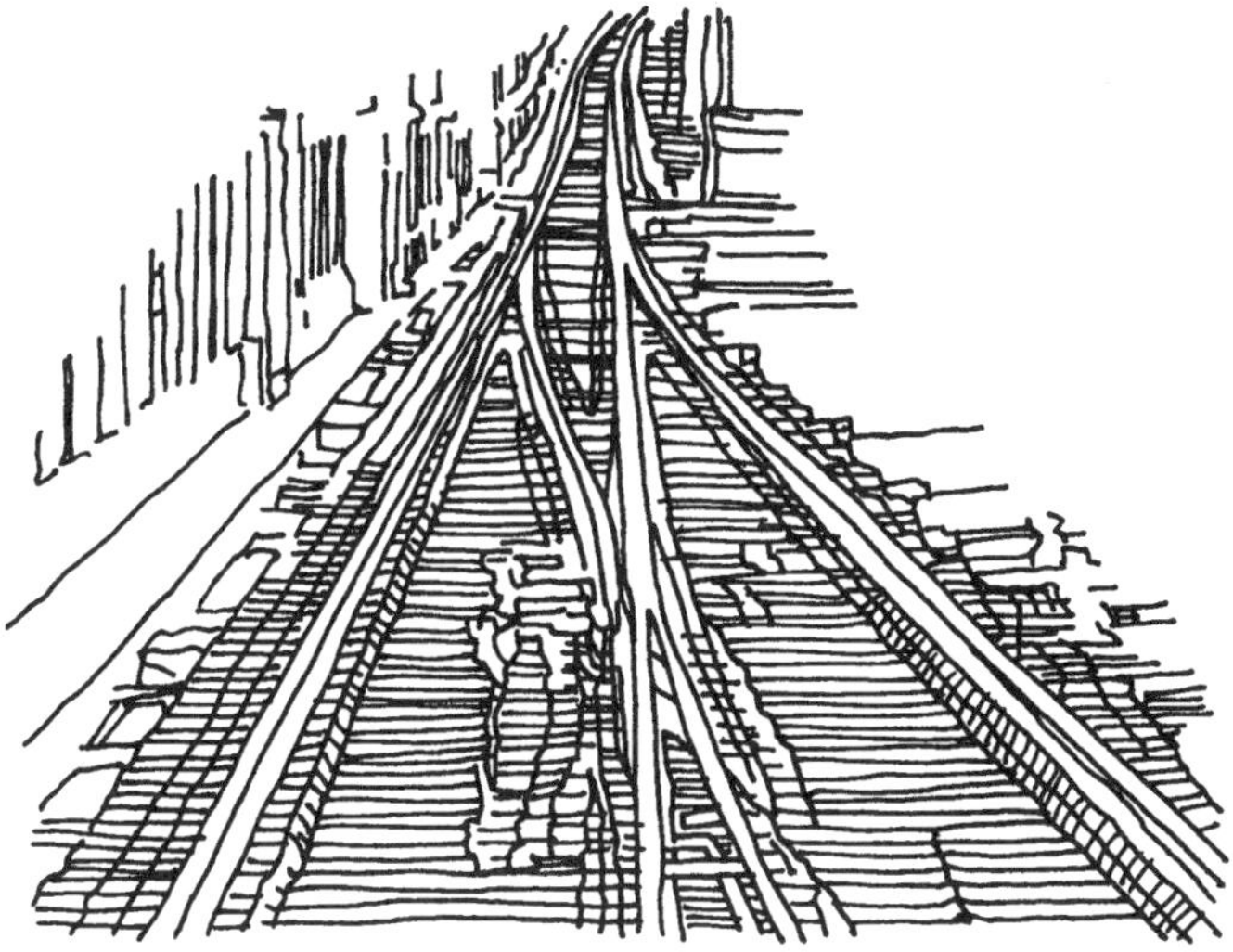

僕が入社した2002年は「メンテナンス体制の再構築」と言って、JR社員は管理業務がメインとなり、現在は主にパートナー会社に業務を委託している。

しかし、業務を委託するにも、現場を知らないと的確な指示は出せない。そこで、平成採（平成になってから採用された社員）の教育も兼ねて、実際にこのような現場に出て、技術を習得する場面があったのだ。

今回の現場は、高崎駅構内のあるポイントだ。作業責任者の号令と共に、作業が開始された。実際にボルトなどを緩め、ポイントを解体し、専用の液体などを使ったりして傷がないか確認していく。万が一、傷があった場合には、その傷が赤く浮き出て

新幹線軌道確認車（写真提供：碓氷峠鉄道文化むら）

くるのだ。

作業も順調に進んでいたが、ある問題が発生した。作業時間内に作業が終わらないかもしれないという事態に陥ったのだ。

新幹線の線路の場合、始発列車の前にディーゼルで動く「新幹線軌道確認車」という車両が走る。これは、作業で使用した器具の置き忘れの有無や、線路内の異常の有無を総合的に確認するのだ。この確認車が現場を通るまでに作業を終わらせなくてはならない。

「やばい！　始発に当てる！」と一瞬そのような考えが脳裏をよぎった。これは「始発列車が、作業が原因で遅れたり運休が発生する」という意味で、乗客にも多大な迷惑が掛かる。そのため保線係員としては一番やってはいけないことなのだ。

現場に緊張が走ったが、僕たちはプロである。焦らずに最後まで集中を切らさなかった。「よし、退出するぞ！」。現場責任者の号令で僕たちは線路から速やかに出た。無事に作業を終えた瞬間だった。

安全を守るということをしみじみと感じた。疲れ切ったその日は、非番で朝帰宅して横になったら、いつの間にか翌日にタイムスリップしていた。

3-6 新潟中越地震で目の当たりにした新幹線脱線現場

あなたは、2004年10月23日に発生した、新潟中越地震を覚えているだろうか? 現在学生の人であれば、まだ生まれる前の出来事かもしれない。

この地震は最大震度マグニチュード6.8を観測した。この震災で鉄道も受けた被害が大きかった。ニュースで観た人もいると思うが、上越新幹線は脱線し、その大きな車体も傾いた。

この状況を受けて、僕たちは新潟まで応援に駆け付けることになった。新潟では道が寸断されたり、トンネルが崩壊したりと、本来の担当者が現地に出動できないという事態に陥ったのだ。

僕たちは通常、基本的に決められたエリアの業務を行なっている。そのエリアの線路の特徴を熟知した社員が保守点検することにより、何かトラブルが発生した時でも、すぐに現場に駆け付けることができるからだ。

そのため、他のエリアの情報は基本的には入ってこない。この時は事態が事態のため、急遽様々なデータを集めた。入社して初めて現場に出る時に、上司から言われた「現場に行くまでの道順を覚えることも仕事だ」という言葉を思い出した。

今回その現場に行くのは、先輩も含めて全員が初めてだ。しかし、新幹線は繋がっている。新幹線の高架橋にも現在位置がわかるような表示もある。高架橋に沿った側道があれば大概現場には辿り着けるだろう。

そこで、急遽僕たちは高速道路の通行許可証をもらい、現地に向かった。現地の状況はテレビのニュースや、会社内の情報網ですぐに把握できたが、間接的に得た情報は実際のところよくわからないものだ。

高崎から新潟まで応援に駆け付けるのにもかなり時間が掛かる。それに加え、地震の影響で高速道路は歪み、アスファルトは波打っている。運転していてこんなに揺れた高速道路は初めてだった。

救援に行く僕たちが事故を起こしては意味がない。僕は慎重に業務用車を走らせた。現場近くになるにつれ、被害がひどくなっていくのがわかる。

余震や二次災害に巻き込まれないように、なるべく安全な道を選んで現場に向かった。本当に事態は深刻だ。果たして新幹線が脱線してしまった現場はどのような状況なのか。不安と悲しみが混ざり合った複雑な気持ちになった。

実際に僕たちが現場に到着し、線路に入るとその光景に目を疑った。というより、全身の毛穴が開いた感覚で、鳥肌が立った。

その新幹線の脱線現場では、数百メートルに渡りレールが破損していたのだ。脱線した車輪が次々に締結装置と呼ばれるレールを固定する金具を破壊し、固定されなくなったレールが隣の線路のほうにまで飛び出してしまっていたのだ。

それは、新幹線が脱線してから数百メートル走行したということを意味している。そのような状況にも関わらず、死者が出なかったことが不幸中の幸いであった。

確かに時速200km以上出ている新幹線は、危険を察知し非常ブレーキがかかったとしても、完全に停止するまで2kmほど走行する。

車のようにタイヤがゴムで、地面がアスファルトであれば、すぐに止まれるが、鉄道は鉄の車輪と鉄のレールだ。ちょっとやそっとでは止まれない。今回の現場は、まさにその状況を物語っている。

周囲の現場では、新幹線の高架橋の橋脚も一部が崩れ落ちて、鉄筋がむき出しになっている箇所もあった。一歩間違えれば、高架橋ごと崩れ落ちて大惨事だった。

実は、この震災の直前に阪神淡路大震災の経験から、新幹線の橋脚などの耐震補強を完了したばかりだったのだ。この対策をしていなかったら、鉄筋がむき出しになる程度では済まなかったかもしれないと考えるとゾッとする。

いくら自然災害でも、このような状況を放っておくわけにはいかない。JR東日本は全ての鉄道会社で事故が発生した際の事故事例などを集め、職場ごとに定期的な対策会議を開催している。

もし、その事故が自分の管轄のところで発生した場合、どのような対策を講じるのか？ということを常にシミュレーションしている。それは、他社のことだと割り切らずに、万が一自分の場所で発生したと想定することで迅速な対応ができるからだ。

これは自分の職種に関係するものだけではない。例えば、僕は保線職場であったが、それが電力職場の事例であったとしても、自職場に置き換えたらどのようなことが予想されるか？と想像力を働かせて分析するのだ。

僕は、このおかげで鉄道人生を終えるまで、大きな事故や怪我に巻き込まれることはなかった。危険を予知し、危険な場所には近づかないようにしたり、どうしても近づかなくてはならない場合は、万全な安全対策をしてから臨むようになった。

入社して2年目のこの震災から得た教訓は、とてつもなく大きいものだった。

3-7 新幹線トンネル内での衝撃的な体験

列車に乗っていると山間部には数多くのトンネルがあることに気づく。僕が担当していた新幹線の保守エリアにもたくさんのトンネルがあった。その中でも有名なものが群馬県と新潟県を繋ぐ「大清水トンネル」だ。

上越新幹線の上毛高原駅を発車して、越後湯沢駅方面に向かうとすぐに、この長い大清水トンネルに入る。このトンネルを抜けると、もう越後湯沢駅に到着する。

「トンネルを抜けるとそこは雪国」という言葉があるが、冬季はまさにそのような状況で白銀の世界が広がっている。近くにはたくさんのスキー場や温泉地があり、僕はその魅力にも惹かれプライベートでもよく訪れる。

さて、そのトンネル内も定期的に点検するのだが、僕は保線係員の立場としてもトンネル内が好きだった。その理由は、トンネル区間は比較的温度が一定のため、他のトンネル以外の区間に比べて非常に管理しやすいのだ。

新幹線のトンネル以外の区間（以下、明かり区間）はコンクリートや防音壁に囲まれており、夏季は熱の逃げない箇所を点検する。

逆に大雨の日や、冬季の大雪の日などのマイナスの世界の中での作業も多い。僕たちは体調管理にも気を遣っていた。

それに対して、トンネル区間は外気に直接触れていないということもあり、温度も一定で夏は涼しく、冬は暖かく人間の身体にも優しい。

人間の身体にも優しいということは、もちろんレールなどの設備にも優しいということになる。

レールなどの設備は温度の変化でかなり影響が出る。このような理由からも、比較的温度変化が無いトンネル区間のほうが明かり区間に比べると、メンテナンスがしや

トンネル巡回車（写真提供：碓氷峠鉄道文化むら）

すいのだ。

まず、新幹線のトンネルで作業するために、メンテナンス係員しか入れない場所から入るわけであるが、そのトンネルの入り口は本当に不気味だ。

考えてもらえればすぐにわかることなのだが、トンネルがある区間は基本的には山間部だ。山間部を切り開くより、貫通させる方が良いと判断したためトンネルができているわけである。そのため、トンネルの近くは人の気配もあまり感じない。

そして、トンネルの入り口は鋼鉄の門扉で覆われているが、ちょっとした隙間から風が通り、それがどういうわけか人のうめき声のように共鳴するのだ。昼間の仕事ならまだ良いが、深夜のトンネルの現場は気味が悪い。

実際にトンネル内を巡視するには、保線社員の中で「トン巡車（とんじゅんしゃ）」と呼ばれている車に2人1組で背中合わせの形で乗り、線路の異常の有無などを調べる。

このトン巡車の正式名称は「トンネル巡回車」だ（僕が入社した2002年には、線路点検で使っていた「巡回」という表現から「巡視」と表現が変わったため、「トンネル巡視車」と呼ぶべきだろうが、僕たちはそのまま「トンネル巡回車」と呼んでいた。）

トンネル内は、入れる場所や退避できる箇所が限られているために、このトン巡車に乗って、上下線の間を走る。電気の充電式で動く車で、非常に乗り心地の悪い乗り物だ。

その理由は、ノーパンクタイヤになっているからだ。巡視中にタイヤがパンクしてしまったら命取りになる。トンネル区間も明かり区間と同様に1日に10キロ近く線路状態の確認をする。

トンネル自体の幅も限られているため、通路はトン巡車1台が通れる幅しかない。実際にすれ違いもできなければ、何かトラブルがあった際に応援も難しい。

このトン巡車に乗り、巡回していると、「本当に生きていることって何だろう？」と感じさせられることがある。特にトンネル内は線路脇からではなく、上下線の線間から確認するため、明かり区間より新幹線との距離も近い。

まずトンネル内は、新幹線が自分のいるエリア範囲内に入ると警報音が鳴る。「ファンファン」と不気味な音だ。先ほども説明した通り、新幹線は１km離れたところにいても15秒で自分たちのいる現場を通過していく。

その時は、線間にいる僕たちのすぐ頭上を新幹線が通過するのだ。トン巡車は安全のために鋼鉄の引き戸を閉めて走行しているが、もしその引き戸を開ければ走行中の新幹線に触れることができるくらいの距離だ（もちろん、そのような行為をするような命知らずな人は誰もいないが）。

また、トンネル内は非常に面白い現象が起こる。新幹線がトンネルの中に入ると「ダァーン！」と銃声のような爆音が鳴り響くのだ。新入社員などが、仕事で新幹線のトンネル内でこの経験をすると、誰もが驚いて「今の（音）何ですか？」と聞く（僕もその一人であった）。

この原因は、野菜鉄砲と同じ原理だ。筒状のもので両端に野菜を詰め込み棒で突くと、反対側の野菜が飛ぶ。その時に「ポン！」と鳴る原理だ。上毛高原方からでも、越後湯沢方からでも新幹線がトンネル内に進入すると、空気が押し出されそのような現象が起こるのだ。

また、この時に押し出された空気の分だけ新しい空気が入り込むので、物凄い風圧がトンネル内を流れる。僕たちは、新幹線が近づいてくることがわかったら、鉄製の扉には近づかないようにしていた。

扉が風圧によって閉まり、そこに身体が挟まれたら命の保証はどこにもないからだ。イメージがなかなか湧きにくいと思うが、鉄製の扉に腕を挟まれたら切断されてしまうほどの威力だ。

台風などで風に押されたり、傘がひっくり返るという経験は誰しもあるだろうが、強いて言うなら超巨大掃除機で身体ごと吸い込まれる感覚だ。気を抜いていると本当によろけて引き込まれる。極端な話だが、身体をマイケルジャクソンのように傾けても倒れないほどの強さだ。鉄道の事故の主な要因は、触車、感電、墜落と言われているが、その他にも危険な状況は多々ある。乗客のために精一杯仕事をしているのに死者が出てしまうことは非常に残念で仕方がない。

そのため鉄道従事者は、誰よりも鉄道を熟知し、決められたルールを守り、業務に当たらなくてはならない。乗客の命や安全を守るためには、まず鉄道員自身の身を守らなくてはいけないことを念頭に置いておかなくてはならない。

3-8 犬釘打ちは至難の技

今では、本線であまり見かけなくなってきた犬釘であるが、保線の作業などで使う工事車両の場所では使われているところもある。

ここで、僕と一緒に線路のイラストを描いてみよう。

①まず、レールを2本描く。
②次に、その2本のレールに直角になるようにマクラギを描く。
③マクラギをあなたの好きな数付け足す。

いかがだろうか？　これが昔ながらのマクラギとレールを用いた線路だ。そのような一般的なイメージのレールとマクラギを固定しているのがこの犬釘だ。

木マクラギは一時期、ホームセンターなどで庭のインテリアのような形で販売しているのを見かけたが最近ではまた見かけなくなった気がする。

犬釘は今では使われているところが少ないために、希少価値が高いとされている。僕は以前、鉄道イベントで犬釘を買うシーンをＹｏｕＴｕｂｅ動画にアップしたが、今では、なかなか手に入らないものなのだろう。

そもそも、犬釘はマクラギにレールを止めるという鉄道発足当初の方法で、近年ではそのマクラギもＰＣ（プレストレストコンクリート）マクラギや、そもそも基盤から見直してスラブコンクリートと呼ばれるものに置き代えられている。

これらは、「省力化軌道」と呼ばれているものでありメンテナンスがしやすい。マクラギも木のものであれば腐食してしまうこともあるが、コンクリートであれば、それに比べて劣化の速度が極めて遅いのだ。

コンクリートの場合は、犬釘を使って打ち付けるわけにはいかないので、金属製の締結装置と呼ばれる、レールを締結させるための装置を使う。

これらのメリットは、調整するにも部品の微調整で済むのだ。例えば木マクラギであれば一度犬釘を打ち付けてしまえば、そこには大きな穴が開いてしまう。

これはDIY（Do It Yourself）や日曜大工をやったことのある人ならすぐにピンとくると思うが、木で家具を製作する際に、釘を間違えて打ってしまった際に、バールなどで引き抜くと、穴が開いてスカスカになって同じ場所には打てない経験をしたことがあるだろう。

同様に鉄道も、調整をするために一度犬釘を抜くと、同じ場所には同じ強度では打てない。DIYと全く同じ状況が木マクラギと犬釘の関係である。

僕も、実際に保線の保守用車が停車している車両基地で犬釘を打ったことがあるが、これが簡単そうでとても難しい。

レールを正しい位置に固定して犬釘を打ち込んでいくわけだが、まずは大きくパーティーに分かれる。①犬釘を打つパーティー②正しい位置に打たれているか確認するパーティー③バールでレールを押さえるパーティーだ。

カナヅチで釘を打つ際も、利き手でカナヅチを握り、もう片方の手で釘を押さえる。そうしないと曲がってしまう。そのために①～③が協力して打ち込むのだ。

実際に打ってみるとその難しさに驚かされる。まず、なかなか思うようにハンマーが犬釘の頭に当たらない。

ハンマーも犬釘も数センチであるため、当てることを意識しすぎて近くからハンマーで打とうとすると、当たってもマクラギに打ち込めない。逆に力を込めて大きく振り上げると、振り下ろした際に釘にすら当たらないのだ。

初心者がこの犬釘打ちをすると、稀にハンマーの柄を折ってしまうことがある。レールに柄の部分を当ててしまうと木製の柄は簡単に真っ二つだ。柄が折れてしまうなら取り替えれば済むだろうが、気を抜いていると、柄を持つ手をレールの間に挟ん

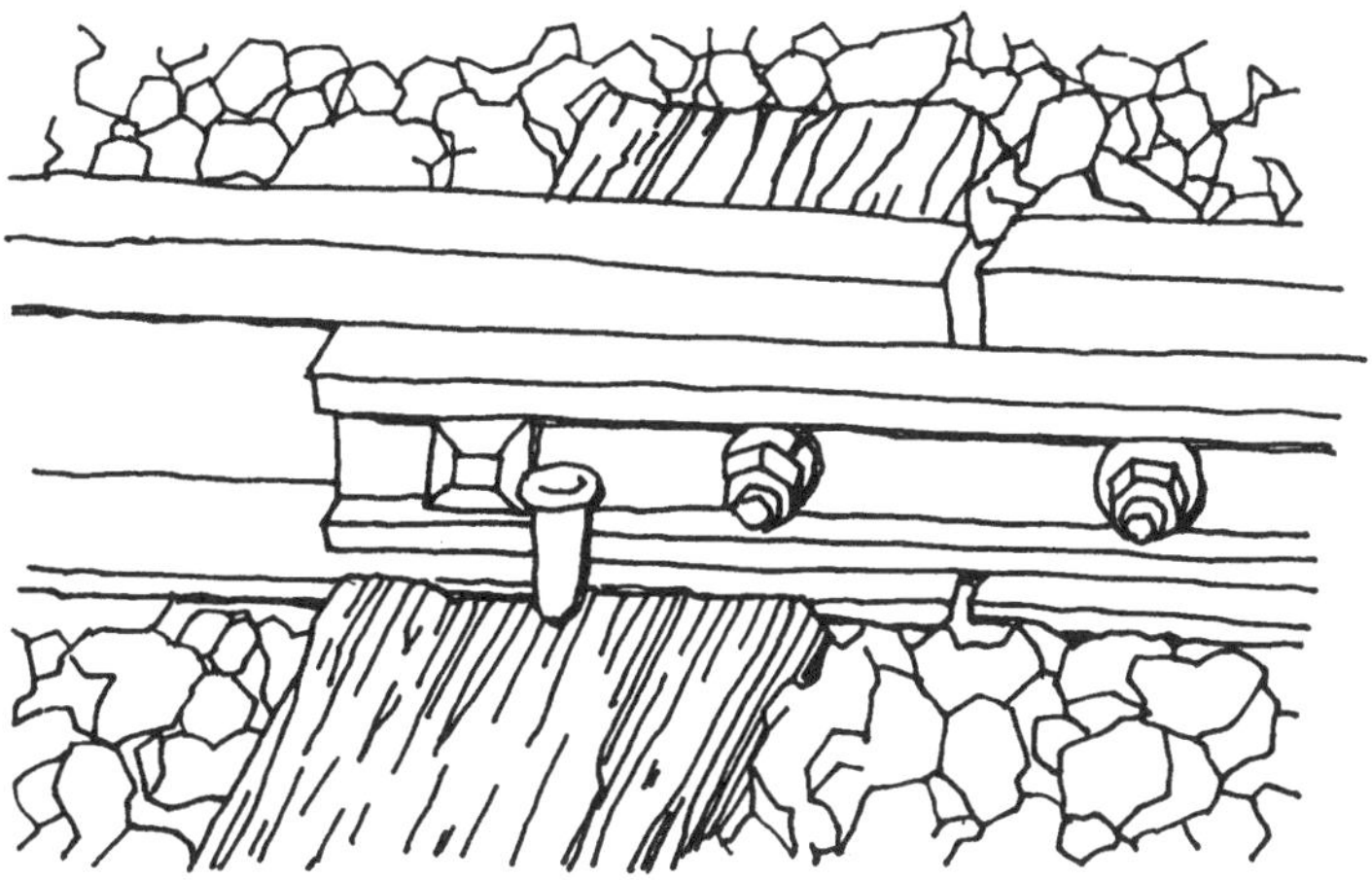

でしまい、大怪我をすることもある。

だんだんとコツが掴めてきて当たるようになって喜びたいのも山々だが、釘の入り込む角度によってレール幅が変わってくるために今度は数値が収まらなくなる。

あなたは、DIYをやったことはあるだろうか？　これが最初は金槌で釘を打つことすら、ままならない。僕も初めて金槌を持った時は指を打ってしまった。『やってみれば意外とできるだろう』と思ったことがなかなかできずにイライラしたこともある。

DIYを自分で楽しむ程度であれば、多少釘が曲がったところでも気にはならない。しかし、鉄道の犬釘打ちは全く異なる。犬釘の入り込む角度によって、レールの軌間（左レールと右レールの間の間隔）をミリ単位で調整しているのだ。

そして、一回打ち込めた犬釘の頭頂面を見ると、一定の場所に当たっていないのかボコボコである。ベテランの人が打った犬釘の頭頂面は平らになり美しい。

先輩から言われたのだが、「下手な人が打つと犬釘の頭頂面が亀の甲羅のようになり、上手い人が打つと鏡のようにキラキラと輝く」そうだ。

直径3～4cmの犬釘の頭に打ち付けることは、ハンマーを当てることすら難しいのに、ずっと同じ場所の1点を叩き続け、鏡のようにするのがどれだけ凄いことかお分りいただけるだろう。

ベテランの人たちが、なぜあんなに華麗に犬釘打ちができるのかは、これまでに数多くの経験を積んできたからに他ならないと思う。

何事もそうであるが、その仕事を極めるためには何十年といった経験が必要だ。「実際に柄はこの位置で掴み、ここまで振り上げて、思いっきり叩いてみろ！」と口で言われるのだが、上手くいかない。

身長や体格で柄の持つ位置や、力の入れ加減は人それぞれだ。このような世界はやはり、「自分の目で見て覚えろ！」が適していると思う。何事も自ら考えて、自ら判断し行動する。そうして実務経験を積んで身体に染み込ませるものだと感じた。

3-9 交流2万5000ボルトの下で起こる現象

あなたは、新幹線にはどのくらいの電気が流れているのかご存じだろうか？　実は交流2万5000ボルトの超高電圧が流れている。家庭用の電源が交流100ボルトであるから、そう考えると物凄い電流だ。感電したら命の保証はどこにもない。

ここで感電事故について考えてみよう。よく鳥などが群れで電線の上にとまっている光景を目にする。その鳥たちは、なぜ丸焦げにならないのだろうか？

実は、鳥のように電線の上に乗っているだけでは感電しないのだ。通電は電線に触れながら、その他の設備に触れた瞬間に起こる。極端なことを言えば人間も電線を掴み、ぶら下がっただけでは感電しないだろう。

皆さんは「カレチ」という漫画を読んだことはあるだろうか？　この作品は、実に鉄道の日常や鉄道員の気持ちを上手く表現してある。実際に僕が読んでも、『ウンウン、その通り！』『なるほどなぁ！』と思うことも多い。

そのカレチの中で、電力係員が高所作業中にハシゴから落下しそうになるシーンがある。

目の前には架線があり、掴もうと思えば簡単に掴める。しかし、その作業員はそのまま落下し、運よく一命を取り留めたが腰の骨を折る重傷を負った。

なぜ、その作業員は架線を掴まなかったのか？　それは、ハシゴに足がついていたからだ。先ほどの説明の通り、ハシゴに足がついたまま架線を掴んだら確実に感電する。

そのため、その作業員は感電するのと、このまま落下して怪我をするのとでは、どちらがより命が助かる可能性が高いのか瞬時に判断していたのだ。

現在、電力設備の作業に入る前には過去の事故を教訓として、完全に「き電停止（完全に送電を止めること）」を確認してから作業に入る。なぜなら、新幹線の交流2万5000ボルトのような高圧になると、直接触れなくても近くで傘を差しているだけで感電する危険性があるからだ。

実際に新幹線線路近くで竹を伐採していた人が、実際に触れていないにも関わらず感電したこともある。これは「誘導電流」と言われるもので、直接架線に触れなくても感電する恐れがあるのだ。

普段あなたが生活している上で、このような高圧電流が流れている場所に近づかなければ問題はないが、命を守る上で知っておいていただきたいことである。

3-10 遂に車掌試験合格、その時の先輩の一言

ある日、現場長に名指しで呼ばれた。どうやら車掌試験の結果の話である。これまでに4年連続涙を飲んできた。ハッキリ言って今回も同様だと感じていたのだ。

ゆったりと椅子に腰掛けた現場長は無表情だ。それがまた僕を不安にさせていた。少し緊張した空気がその場を包んでいる中、しばらくすると現場長が口を開いた。

「関くん、今回の車掌試験の手応えはどうだった?」

「はい、いつも通りベストは尽くしました」

「そうか、わからなかった問題や質問はある?」

「特にありません。面接時の質問にも全て答えられました」

「そうか……、では結果を伝えよう」

いつものパターンだ。その後には必ず、次回は具体的にどのようなことをして対策したほうが良いというアドバイスがくるのだ。

「……」

「おめでとう」

「……」

僕は「おめでとう」と言われてもすぐに反応することができなかった。そこには2人しかいないのに、自分に言われているのかどうかすら疑った。しばらく僕は現場長の顔を見ることができなかった。

しばらくすると現場長が口を開いた。

「よし、これで話は終わり。仕事に戻ろう。改めておめでとう」

「はい……ありがとうございます」

僕は言葉になったかならないかわからないが、今出せる精一杯の声でそう答えた。現場長が席を立った後も、僕はその場で数分固まっていた。その後、僕はすぐにはオフィス内には戻らずトイレに駆け込み顔を洗った。遂に念願の車掌試験に合格した。本当に長かった。

僕は、その日仕事が終わってすぐに、ある人に電話をかけて車掌試験合格について伝えた。小さい頃から面倒を見てくれて、この年退職された、長沢さんという車掌の大先輩だ。

長沢さんは本当に喜んでくれた。僕もここまで来られたのは長沢さんのおかげだ。僕は電話越しに何度も何度も頭を下げていた。

そして翌日、助役に今後の研修の話で呼ばれた。

「関くん、車掌研修は3ヶ月後からだから、準備しておくように……」

合格が決まってからはあっという間である。この年、職場には4年ぶりに新入社員が入ってきた。僕がその後輩に業務の引き継ぎを3ヶ月で行うことになり、その期間で持っている全ての知識を伝えた。

後日、比較的年齢の近い先輩と現場に出ることになった。合格発表があった直後に報告して、その時、先輩は本当に喜んでくれた。

「本当に車掌になるのか?」

「もう一回聞くぞ?　本当に合格したのか?」

「先輩、嫌だなぁ。前にも言ったじゃないですか（笑）」

「だよな、本当か……（笑）」

先輩の表情は表面的には笑顔なのだが、どこか引きつっているというか、目が潤んでいるというか、なんとも言えない表情だ。

その日もいつも通り現場での仕事を終え、もうすぐ職場に到着して、報告書類をまとめて退勤だという時になって先輩は少し真剣な表情でこう話し掛けてきた。

「なぁ、ここに残って俺たちと一緒にずっと働かないか？　寂しいなぁ」

僕は、しばらく先輩の顔を見ることはできなかった。しかし、車掌になることがずっと前からの夢だ。先輩のありがたい言葉に本当に申し訳ない気持ちになった。

「すみません、前からの夢だったので行きます」

「そうだよな、今までありがとな。車掌になっても頑張れよ！」

するとと先輩も吹っ切れた様子で答えてくれた。

保線の職場はいつもパーティーを組んで、常に誰かと行動している。そのため、本当に家族のような感覚になる。大変な時も協力して、お互いが怪我や病気などで休んだりすると、担務の垣根を越えてお互いの仕事を引き受けたりもしていた。

台風などが接近すると、昼夜問わずカッパを着て飛び出し、一緒に現場でびしょ濡れになって警備をしていた。マイナス10度の中、手足の感覚がなくなるまで現場も歩いた。春になると桜の花が綺麗な現場でも足を止めず、「綺麗だな」「はい」の一言で職務に戻る。そんな日々が走馬灯のように流れた。このように可愛がってくれた先輩方がいたからこそ、僕はここまで成長することができたのだ。

「この経験は一生忘れません。本当にありがとうございました」

JRこぼれ話❸

なぜ列車は「ガタンゴトン」と音を立てるのか？

ローカル線などに乗ると、今でも「ガタンゴトン」という心地よいリズムで音を立てて走る。それがまた何故か心地よくしばらくすると眠気を誘う。

この音の原因は「継ぎ目」の影響だ。この継ぎ目は字のごとく、レール間にある隙間のことだ。レールは基本的に、工場で25mの形で製造され、それを貨物列車などで輸送する。

童謡の「線路は続くよ、どこまでも♬」という曲を思い浮かべると、どこまでも1本の長いレールが続いているように感じるが、ローカル線では25m間隔でレールを継ぎ目ボルトと呼ばれる金具を使って繋いでいるのだ。

その継ぎ目上を列車が通る際、まず車両の前よりの車輪が乗ると「ガタン」と音を立てる。その後に、車両の後ろよりの車輪がもう一回「ガタン」と音を立てるのだ。これが列車の速度に合わせて「ガタンゴトン」とリズミカルに音を立てる仕組みだ。

この隙間は、実はレールが歪んだり、破損したりしないように敢えて作っているものなのである。ここではその理由を明らかにしていきたい。

そもそも、なぜレールが歪んだり、破損してしまうのだろうか？　その原因は、気温や太陽光などの影響によってレールが熱せられたり、逆に冷やされたりするからだ。レールは鉄でできているため、気温が高くなると伸び、逆に気温が下がると縮む。その伸縮のことを考慮して、レールの継ぎ目部分の隙間も管理されているのだ。

この隙間が広すぎても脱線してしまうし、狭すぎるとそれ以上縮むことができなくて、張り出し事故(レール同士が押し合い、大きく変形してしまうこと)が発生してしまうのだ。

あなたはプラットフォームにいる時や線路の近くを歩いている時などに、線路から不気味な音を聞いたことはないだろうか？　暑い日によくある現象だが、線路から突然「ガコン！」とか「バコン！」というような音がする。

これがまさにレールが動いている証拠で、実際に現場に行ってみると、レールの下部を留めている金具にその時にできた擦り傷が見られる。

さて、話は変わるが、新幹線や東京都内に近い路線を利用している人は、最近ではあまりこの音を聞かないのではないだろうか？　そう、この継ぎ目がないのだ。

多くの人が利用する幹線では、乗り心地向上のためにこの継ぎ目をなくした「ロングレール」というものが採用されている。これは、日本語に直訳すると「長いレール」というわけであるが、本当に何百キロと継ぎ目がなく続いている。

何故このようなことができるのかというと、レール同士を溶接しているからである。

もし「ガタンゴトン」という音を聞いたことのある人は、特急列車や快速列車を待ち合わせする時や、通常と違うプラットフォームに入ったりする時だろう。これは新幹線でも同じである。

この違う線路に入る場合は、分岐器という線路の分岐点を渡るために継ぎ目の上を通るのだ。

そうならば、「地方の路線もそうしたらいいじゃないか」という声も上がりそうだ。しかし、山間部などでは季節により気温が激しく変化したり、標高による高低差などの違いがあり敷設できる条件が限られているのだ。

新幹線や在来線の一部は「継ぎ目がない」と書いたが、その継ぎ目で発散していたレールの軸力（レールが伸縮する時に発生する力）を別の形で逃がさなくてはならない。

そのため、ロングレール区間にはある工夫がされている。それはレールを敷設する時に、レール温度というものを決めているのだ。

その現場の年間の平均気温を測定した数値を元に、はじめからレールがあまり伸び縮みしないように最初からレールに圧力をかけている。

「そんなことができるのか？」と思った人も多いだろうが現実は可能である。その現場の気温などのデータから、年間のレールの温度がどのくらいになるのかを測定し続けて、その平均の温度でレールを溶接しているのだ。

具体的には、「緊張器」というマシンを使って、故意的にレールを緊張（伸縮）させて、その区間に最適な軸力を加えておく。冬季にあまり気温が下がらず、逆に夏季に気温がかなり上がる地域であれば、最初からそれらを考慮して数ミリ伸ばした状態で敷設する。

このように、線路でもそのエリアにはその特徴を知り尽くしたプロがいて、現場に最適な対応をしているのだ。

これは、居酒屋で例えるとわかりやすい。全国どこでもその店舗に入れば同じメニューの同じ味を楽しめる、というチェーン店タイプではなく、その地域の常連客の性格を知って店に入った瞬間に「いつものやつね！」で通じるような地域密着型の個人経営の居酒屋のイメージに近い。

そのように、いつも常連客をもてなす個人経営の居酒屋の大将のような存在の人が、JR東日本管内のありとあらゆるエリアに存在していて今日も鉄道の安全を守っている。

第4章

▼

車掌になる覚悟

4-1 ついに念願の車掌に

僕はJR東日本に入社した時と同じ研修センターに来ていた。今回は入社時と学ぶことが全く違う。隣に座っている研修生も、クラス全体を見ても明らかに僕より若い。

それもそのはず、僕は通算5回目の車掌試験でやっと合格した。車掌同期はみんな入社が後である。また、ほとんどの人が駅員を2年経験してきているためにあまり会話に入っていけない。僕はこの時に駅員の知識がまったくなかったのだ。

確かに、車掌試験の筆記試験や面接は駅の業務についても聞かれるため、切符や駅の業務についてもテキストで学んだ。しかし、実務経験が1秒もない。本当に営業系の新入社員として再入社した感覚でこの研修に臨んだ。

入社式の時と決定的に違うのが制服だ。保線社員と車掌の制服は見た目が明らかに違う。保線の制服は、汚れてしまうために冬服でもノーネクタイで着られる制服を貸与される。

しかし、今回の制服はあなたもご存知のJR東日本管内の駅や列車内で必ず見かける制服だ。僕はこの制服に袖を通して『やっと車掌になれる』という実感が湧いたのだった。

僕は保線にいたので最初にもらった職名は施設係だった。そこから営業係、車掌見習い、車掌というように職名が変わっていく。

研修センターに入った当初はまだ営業係だ。なんとしても車掌研修を修了して実際の車掌になって本線乗務を果たし、次のステップにいくと決意を固めた瞬間であった。

車掌試験に合格したからといって、実際に車掌になれるかどうかわからない。車掌の研修の見極めに合格すると、「車掌見習い」が発令される。

そして車掌見習いとして実際の職場に配属され、1ヶ月ほど教導車掌（師匠）のもとで実務経験を積む。そして、本当に車掌にふさわしいか最終の見極めがあるのだ。この見極めに合格しない限り、憧れの赤い「車掌」の名札はもらえない。

この期間は、今でも思い出したくないほど大変だった。周りの人は当たり前のように話している知識も、保線出身の僕にとっては初めてのことばかりだったからだ。

車掌研修を担当してくれた講師もそれに気づいてくれたのか、「関が理解したら次に進むぞ〜！」という形で勧めてくださった。本当に冗談ではなく、難しい駅名の漢字が読めないというそんなレベルなのだ。その時の講師やクラスメイトの皆さん、そして僕を一人前の車掌に仕上げてくださった師匠、本当にありがとうございました。

4-2 車掌の仕事は刑務所の塀の上を歩くことと同じ

僕が車掌になった時に、先輩から言われたことがある。それは、「車掌は刑務所の塀の上を歩いているのと同じだぞ」という非常に重い言葉である。

一聞、何のことだかサッパリわからないと思う。僕も初めてこの話を聞いた時には、『車掌の先輩は、何か悪いことをするような怖い人が多いのか』と思ったりもした（笑）。

実はこの表現は、先輩が「ちょっとした気の緩みが事故を引き起こす」という意味で使われたものだったのだ。詳しく話を聞くと、その時に運悪く重大な過失が認められれば、車掌が起訴されてしまうこともあり得るそうだ。

大げさのように感じるかもしれないが、僕はその言葉を退職するまでずっと心に刻んで重く受け止めていた。

車掌は列車のドアを扱う。一時期ニュースで話題になったこともあるが、ある路線で列車のドアが年配者の杖を挟んだり、ベビーカーの車輪の部分を挟んでしまい、気づかずに起動してしまう事故が数件起きたのである。

乗客や荷物などを挟んだまま起動してしまった場合、どうなるだろうか？　すぐに気づけば軽症で済むかもしれないが、何かの死角などに入ってしまい、そのまま走り続けたら最悪のケースでは死亡事故にまで発展してしまうのだ。

交通事故は、起こしたくて起こす人は誰一人としていない。ここで車の交通事故を例に挙げたい。ある日、交差点で信号待ちのため停車していた。そこに、急に横から別の車が突っ込んできた。その拍子で自分の車が歩行者を跳ねてしまった場合はどうであろうか？

普通に考えれば、突っ込んできたほうが悪いと思う。しかし、もしかしたら停まっていた側も罪を問われることがあるのだ。

そう、不慮の事故、いわばもらい事故でも、防ぐことができたと判断されてしまったり、なんらかの過失があると判断されてしまったら、業務上過失致死罪などで現行犯逮捕されてしまうこともある。それは鉄道も同様である。

そのようなことを含めて、僕たちに理解しやすいように先輩は「刑務所の塀」という比喩表現を使い、車掌が持つ責任の重大さを教えてくれたのだ。

聞くところによると、この先輩は以前から後輩ができる度に、この大事なことを熱く語ってくれていたそうである。

4-3 車掌になって初めて覚えたこと

車掌は、列車の中でアナウンスをすることはご存知であろう。実際に僕がＹｏｕＴｕｂｅやＴｗｉｔｔｅｒで話題にしていただいた「英語アナウンス」もこの車掌業務の一つである。

車掌にはたくさんの業務がある。先ほどお伝えしたアナウンスの他にも、乗客が各駅で乗り降りするためのドア開閉、車内改札で乗車券の販売もしている。

もっと細かい話をすれば、「後方防護係員」として最後部車両から線路の異常の有無も確認している。そのような車掌の仕事の裏側を知りたい人は意外に多いことだろう。ましてや僕のように、実際にＪＲ東日本の乗務員だった者がこのような本を出すことなど珍しい。

まずは、車掌になるためにはどのようなことをしているのかその過程をご紹介したい。わかりやすく言うと、まず車掌試験に合格した社員が「車掌研修」で1ヶ月ほど一斉に研修を受ける。そこをめでたく卒業できれば、現場の車掌見習いとして配属される。

そして教導車掌（師匠）のもとでさらに1ヶ月ほど実務経験を積んだ後、最終的に管理者が添乗や面談をする。そこで合格できれば、晴れて車掌のネームプレートをもらえる訳だ。もし、合格できないと残念ながら乗務員区以外の職場に転勤になる。

せっかく試験に合格できたのに、独り立ちできずに元職場に戻るようなことがあれば、送り出してくれた先輩に合わす顔がない。僕は、車掌だけが付けることを認められている赤い「ＣＯＮＤＵＣＴＯＲ」と書かれたネームプレートをもらうために必死に勉強した。

まず職場に配属されると、座学からスタートだ。研修センターでは東日本中の車掌試験に合格した人が集まり、車掌に必要な基本的な知識を学ぶ。

その後、実際にそれぞれの職場の担当線区の特性や、線区ごとに多少異なるルールなどを頭に叩き込むのだ。それが終了すると、実際に独り立ちするまで教導車掌に付きっ切りで指導していただく。

僕が師匠に初めて教えてもらったことはドア扱いだ。ドア扱いとは字の通り、列車が各駅に到着した際、乗客が乗り降りするために列車のドアを開閉することだ。駅に到着した時によく聞く、「まもなく、〇〇です」というアナウンスもドア扱いの担当だ。

その次に、担当路線の景色とアナウンスポイントを覚えた。最近では駅が近くなると、自動音声が流れるようになったが、沿線の景色を覚えることは本当に重要である。

教え方は師匠によって異なる。なぜ僕の師匠がその手順で教えてくれたのかというと、僕が担当していた湘南新宿ラインや上野東京ラインは全て自動音声が流れる。

例えば、トラブルが発生して、現場に停車する時も停車して良いところや悪いところもしっかり決まっている。トンネル内は火災が発生した時は避難できないし、煙による窒息も考えられるため停車禁止である。

また、特急列車の乗務の場合、ドア扱いをしながら最後部車両の改札を担当することもあり、駅に到着する前に戻らなくてはならない。

他にも、列車が遅れて行き先が変わった時も同様だ。自動音声アナウンスの設定が変わるため使えなくなる。その場合、全ての駅で車掌が肉声アナウンスを行わなくてはならないということだ。このように挙げ始めたらキリがない。

僕は現場に配属されてから約1ヶ月、このようなことを確実に覚えていって、無事に独り立ちすることができたのであった。

車掌発令が出て、自分の名前が入ったネームプレートをいただいた時は本当に感動した。同時に、たくさんの乗客の命を守るという責任感も重くのしかかった。そこからはさらに気持ちを引き締めて与えられた職務を全うしようと誓った。

一人乗務になった際には、諸先輩方から「話し方（アナウンス）が師匠に似ているなぁ」と激励を受ける。やはり、どうやら一から師匠のアナウンスを勉強させてもらうと似てくるらしい。そして、段々と自分なりにアナウンスを研究していき、自分のスタイルができ上がってくるのだ。

初めは一生懸命覚えた景色も、時代の流れでどんどん変わっていく。僕が最初教えてもらったアナウンスポイントの中には踏切もあったが、道路がアンダーパスに変わり、踏切自体なくなった箇所もある。

今では、お店の看板や建物が当初見た景色と全く変わっているところもある。しかし、10年以上車掌をすると、身体が細かいところまで覚えている。線路の音や速度制限の区間、曲線に入るタイミングで走行位置がわかるようになってくるのだ。

最近、車掌になった人たちは自動音声付きの新型車両がメインのために、駅に到着する際に自分でアナウンスをすることが少なくなった。そのため、景色を覚えることが一苦労だったと思う。

今後も最新車両が導入され続けていくため、車掌見習いとして覚えていくことも変わっていくだろう。

4-4 車掌のマストアイテム

乗務員の出勤時間は日によって異なる。例えば、今回の出勤時間は8：58、そして次勤務は14：27という感じだ。また同じ泊まり行路でも、乗り出し日（出勤日）と明けの日（退勤日）が平日と休日とでは異なるし、出勤時間や退勤時間も異なる。

このように毎回違う出勤時間だと、時間に関してかなり敏感になる。休みの日でも仕事の日でも関係なく、出勤遅延（遅刻）する夢は毎回のように見る。これは、鉄道マンでは致し方ない職業病である。

そんな僕が常に身に付けるもので拘っていたアイテムがある。それはデジタル電波腕時計だ。日本の鉄道は秒単位で運行していることもあり、時計はマストアイテムである。

基本的に、車掌や運転士には業務中に使う懐中時計が貸与される。出勤点呼時には毎回、当直助役とともに時計の整正（1秒も狂いがないように調整する）を行い、正しい時間に乗務できるよう相互に確認する。

乗務員が事務所から出場（担当列車に乗務しに行くこと）する場合は、自分の腕時計などを使ってアラームを掛けている人が大半だ。もし、その時間に遅れてしまったら、最悪電車の遅れや運休が発生してしまう。

　車掌や運転士は時間とのたたかいという面がある。そのため、時間の見間違いなどしない対策を何重も行なっていた。

　中には、腕時計でアラームをセットし、業務用携帯電話でもセットしておいたり、小型目覚まし時計のようなものまで携帯している人がいるくらいだ。

　自動巻きの高級時計などは確かにカッコいいが、鉄道員には不向きである。一分一秒の見間違えが安全を脅かしたり、乗客のスケジュールを乱し兼ねないからだ。

　僕はそのため、対策の一つとして車掌時代に愛用していたのがG-SHOCKだ。見間違えを防止するために、長針と短針のあるアナログタイプのものは選ばなかった。デジタル式なら角度が多少変わっても見間違えることは少ない。そのため、プライベートでも同じ腕時計をつけている人が多いため、一つ前の乗務の時にセットしたものが残っていて、訳のわからない中途半端な時間に「ピピピッ！」となる場合がある。

　電車内で中途半端な時間に時計のアラームがなった人がいたら、もしかしたらその人は列車の乗務員なのかもしれない（笑）。

4-5 保線を経験してきた僕にしかできない案内

僕は保線係員から車掌という異色のルートを辿ってきた。数多くの先輩の話を聞いてもそのような人は数人しかいない。僕は車掌を11年経験してきたが、後輩でそのようなルートを辿った人は未だに一人も聞いたことがない。

駅員を経験していないことを最初は不利と感じていたが、実は保線でよかったことがある。それはトラブルがあった時の対応だ。

例えば、走行中に置石を踏み潰したとか、線路内で何か異常があった時などに、すぐに対応できたのだ。線路の特性や、メンテナンス社員がどのように動いているのかを頭の中で理解しているために、運転再開までのある程度の目安が立てられたのである。

『あとこのくらいで運転再開できるな』『これからメンテナンス社員が駆けつけるとなると最低1時間は掛かるな』などと、現場では一体何が行われているのか、乗客が一番知りたい運転再開の時期はいつ頃なのか、という予想を踏まえてアナウンスができたのだ。

これは、駅員として働いていたら絶対に身につかなかったことである。これは僕が車掌研修に行った時の状況に似ている。

知識をどんなに詰め込んでも、実際の現場での対応をしたことがなければ、人間はいざという時に少し不安になってしまうということの逆の現象がここで起きたのだ。

さて、皆さんは「左レールと右レール」と言われて、どちらが左で、どちらが右かということを知っているだろうか？　そもそものようなことを考えたことがない人がほとんどではないだろうか？

実はこれにも明確な答えがあるのだ。それは､東京駅の起点を背にして右レール､左レールなのだ。例えば東京駅から大宮駅に向かう場合は、東京駅を背にしている状態なので、進行方向に対してそのまま左側にあるのが左レール、反対が右レールだ。

逆に、大宮方面から東京方面に向かう場合は起点に向かっているので、左側にあるのが右レール、反対が左レールとなるのだ。

例えば、置き石などがあって現場確認に行き、どちら側のレール上に踏み潰した跡があるかなどを調べる場合なども、「えーっと？」などと考えることもないし、対応も早い。

このような経験があったからこそ、トラブルが発生した時や通常業務にも少し余裕ができ、英語アナウンスができたのだと実感している。

JRこぼれ話❹

お決まりのセリフ「出発進行!!」の本当の意味

よく、子どもたちが「出発進行!!」と鉄道員になりきり、指を伸ばす（指差喚呼という）シーンが見受けられる。やはり鉄道員の代名詞は「出発進行!!」であろう。

もちろんのことであるが、鉄道員が何か動作をする時には意味があって行なっている。もちろんこの「指差喚呼」をする時も同じだ。

ある記憶の定着率の実験で、①人間の意識は言葉を口に出さずに行うもの②声に出して行なったもの③声にも出して、その対象物を指差して行なったもの、であれば、③が一番効果的だと立証されている。

あなたも、普段の生活の中で、「あれ？　これは確認したんだっけな？」と感じたことはないだろうか？　鉄道員はそのような状況を軽減するために指差喚呼を行なっているのだ。「誰かに自分の顔を指差され笑われたら、一日中不快な気分になるだろう。それほど記憶に残るんだ！」僕が後輩に指差喚呼の大切さを伝えるためによく使っていた表現だ。

さて、ここで指差喚呼の大切さをご理解いただいた上で、「出発進行!!」の本当の意味を説明したいと思う。

これは、実は信号機の喚呼からきている。運転士や車掌は、列車を発車させる時には必ず信号機の確認を行う。もし、停止信号にも関わらず発車させてしまったら、重大な事故を引き起こしてしまうからだ。

よく、あなたが道路で見かける信号機と同じで、鉄道も3色の信号機の現示がある。青色・黄色・赤色である。鉄道員はこれらを「信号が青になった。黄色だ」などとは言わない。では、実際にはなんと呼んでいるのか？　それは、青色を「進行」、黄色を「注意」、赤色は「停止」と呼んでいる。

そして鉄道の信号機には「出発信号機」や「閉そく信号機」などがある（他にもあるが今回は代表的なものを紹介する）。運転士や車掌は、その信号機を見て指差喚呼するのだ。

例えば、出発信号機が青色現示であれば、「出発、進行！」である。もし、出発信号機が黄色を現示していれば「出発、注意！」、赤色なら「出発、停止！」である。同様に、閉そく信号機であれば、「閉そく、進行！」となる。

いつの間にか、その一部分にだけフォーカスされるようになり、子どもたちは信号機があるなしに関わらず、列車が出発する時には「出発進行‼」と言うようになっている。

第5章

▼

だから車掌は楽しい

5-1 列車に手を振る子どもたち

休日になると、駅や沿線にはたくさんの人が訪れる。珍しい車両が走る時は三脚でカメラを構え、その最高の一瞬を狙う人もいる。その数はものすごい。

あるスポットでは、珍しい列車が走る時に何百人というカメラマンが集まる。良いアングルで撮りたいのだと思うが、狭いところでは前列は屈み、後列は三脚を使い場所を確保している。まるでカメラマン自身が集合して記念撮影をするかのようだ。

その他にも、沿線ではたくさんの子どもを見かける。父親に肩車をされていたり、車を沿線に停めて窓から顔を出し、列車が来るのを待ってくれているのだ。

ある日は、保育園のお散歩だろうか？　沿線で保育士と、ものすごい人数の園児を見かけることもある。中には、お散歩カート（ボックスのような手押し車の中に何人もの園児が乗っている）などに乗った、本当に幼い園児もいる。

そのような子どもたちはみんなで手を振りながら「バイバーイ！」と言ってくれたり、「車掌さん、頑張ってねー！」と声をかけたりしてくれる。

時には、「バイバーイ！」と応えることもあるが、まさか本当に返ってくるとは分からずに固まる子どももいる（笑）。車掌も人間だから、反応できる時は反応するよ（笑）。

本当に車掌の仕事をしていてこれほど笑顔になれることはない。僕が手を振り返した子どもは「やったぁ‼　振ってくれた‼」と飛び跳ねて喜んでくれたり、一緒に来ていた親やおじいちゃん、おばあちゃんに伝えにいったりする。

車掌の仕事は、安全に気を遣い、乗客に気を遣い、時間に気を遣い、本当に精神的に辛いことがたくさんある。しかし、このような笑顔になれる時があるからこそ、そのモチベーションを切らさず頑張ることができるのだ。

車掌は駅に到着する時や、発車する時などは手を振ってもらっても、なかなか応えられない時もある。同様に、列車が完全に停車する前に話し掛けられても同じだ。実は鉄道事故の大半が到着間際、発車間際のシチュエーションで起こっているのだ。

車掌は列車が動き出す瞬間、停まる瞬間に一番神経を集中させている。列車に触れている人はいないか、決められた場所に停車しているか、信号は進行現示か、時刻は正しいか、などなど、いくつもの確認事項を、その数秒間で確認している。そのため、応対したい気持ちは山々だが、心を鬼にして安全確認に徹しているのだ。

5-2 乗務員は起床装置で起きる

乗務員は基本的に一人一部屋の寝室で休む。過去には二段ベッドで休んでいた時期もあったようだが、現在は一人が基本だ。

様々なニュースや特集で、列車の乗務員がエアー式の起床装置で起きる様子を見たことがある人もいると思う。ベッドの下にエアーバックが入っており、セットされた時刻になるとそれが膨らんで乗務員を起こすタイプのものだ。なぜこの起床装置を使うのであろうか？　それは、乗務員全員の起床時刻が違うからである。

翌日の始発列車を担当する人は、基本的に前日は早い時間に終わる。逆に最終列車で夜遅く到着した際は、朝の起床時間は比較的遅くなる。このようにして乗務員の起床時間が決められているのだ。

もし、この時に乗務員全員が、それぞれ大音量の目覚まし時計を使っていたらおそらく誰も熟睡できないだろう。乗務員は乗客の安全のため、休養にも気を遣っている。

この起床装置のセット方法は、点呼時に申告して管理者が行う場合と、寝室にある電話の自動音声に従いながら自分でセットするタイプがある。例えば4：51に起床するなら、電話のボタンを０４５１とプッシュするのだ。

するとと、正常にセットされている場合は、「4時51分にセットされました」とメロディとともに確認の音声が流れる。それらを確認してからベッドに入るのだ。

これは、後に気づいたことだが、あるビジネスホテルのモーニングコールでも同じ音声とメロディが使われていた。ホテルは流石にエアーバックが膨らむタイプではなく電話が鳴るわけだが、とても懐かしい気分になった。

実際に使ってみての感想だが、エアーが膨らんで起きるというよりも、「ウィーン」という微かな音で目が覚める。これは、エアーを送り込むモーター音だ。

乗務員の中にはこの起床装置を嫌う人もいて、起床装置が作動する前に、自分で携帯電話などのアラームなどを活用したりする人もいた。この時も他の部屋で休んでいる人のことを考え、マナーモードにして枕の下にセットして、その振動で起きるそうだ。

この装置を止めるためには、一度起き上がってセットした電話機の受話器を一度上げなくてはならない。こうすることによって、起きて立ち上がるまでの導線を作っているのだ。最初に考えた人は天才だ。

5-3 通勤ラッシュ時のドア事情

駅を発車する時は、気持ちを鬼にしなくてはならないことがある。それは乗降が途絶えないような駅でのドア扱いだ。東京近辺の駅では3分ほどの間隔で列車は運行している。一つの列車が遅れ始めると、後に続く全ての列車が遅れ始めてくる。

利用者が多い駅となると、駅員と車掌の双方で安全確認をして発車させる。特に、駅自体が曲線の中にある場合にはプラットフォーム全体を車掌一人では見渡せない駅もあるのだ。15両もの列車を担当すると300メートルの長さになる。そのような場合は、車掌の長年の経験と勘でドアを閉める……わけはない(笑)。駅員と連携して合図を送ったり、もらったり乗客の全ての乗降が見渡せるカメラモニターを見て発車しているのだ。

駅員と協力して安全確認を行って発車させる駅では、車掌として悩ましい時もある。自分が担当する電車に乗りたかった乗客が「乗れなかった」と迫ってくる時があるのだ。

車掌は駅長や駅員からの「出発指示合図」や「乗降終了合図」という合図をもらって発車させている。これらは、発車条件が完全に整ったという合図だ。この指示を守り発車させなくてはならない。

駆け込み乗車などがあり、一度ドアを開けると、この指示をもう一度もらわなくてはならない。面白いことに、一度ドアを開けると「ラッキー、乗れた！」と思う乗客が次から次へと現れることがある。すると、今度は別の箇所で同じことが起こるのだ。

それを全て待っていたら、いつまで経っても発車させることができない。通勤時間帯では列車の運転間隔が狭いため、車掌は一瞬のドア締めのタイミングを見計らっている。

時には、『車掌に目の前でドアを閉められた！』と感じる人もいるかもしれない。現に、僕も過去に何度も「車掌、ふざけんな！」とか「死ね！」なんて言葉を浴びせられたこともあった。僕の仲間は実際に酒をかけられたりもしている。

しかし、これだけはお伝えしたい。車掌もワザと乗せないという意地悪をしているわけではない。鉄道員は秒単位で列車を走らせている。乗車するために、発車時刻まで整列して待ってくれている人もいるわけだ。

列車は、発車が遅れることがあっても、発車時刻前に出発してしまうことはない。余裕を持ち乗車することは、気が付いていない人は少ないかもしれないが、あなた自身も安全運行にご協力いただいている証拠である。

5-4 ダイヤ乱れ時の車掌判断

首都圏では、朝夕の通勤時間帯になると、かなり多くの人が列車を利用する。僕の担当していた、湘南新宿ラインでは多い時には5000人以上の人が一つの列車に乗車した。

大宮駅から新宿駅方面の路線は、湘南新宿ラインの他にも埼京線も走っており、一部区間では並走もしていて停車駅についても一部同じだ。僕が担当していた区間も、大宮駅、赤羽駅、池袋駅、新宿駅と4つの駅が埼京線と湘南新宿ラインで共通している。

また、大宮駅から新宿駅方面に進む列車については、池袋駅では埼京線が1番ホーム、湘南新宿ラインがそのすぐ隣の2番ホームに停車する。

電車の遅延時などダイヤ乱れが発生している時は、発車の順番を調整して、埼京線のほうが先に発車する場合もあるし、その逆もある。

そのような時は、『たとえ1分でも早く新宿駅に到着したい！』という人ももちろんいて、そのような人は、池袋駅で埼京線か湘南新宿ラインの早く出発するほうを選択する。現に僕のところに「どちらが先に発車するのですか？」という問い合わせがよくあった。

そのケースに遭遇した場合、僕としても常日頃からそのような人の役に立ちたいと思っているので、「どちらの電車が先に発車するのか」という情報をいち早く仕入れて、その情報を乗客に車内アナウンスでお伝えしていた。

この場合、そのまま同じ電車に継続して乗車するのも、隣の埼京線に乗り換えしてもらうのも乗客の判断に委ねることになる。実際に同様の場面でそのアナウンスをすると、数百人の乗客が移動したこともよくあった。

時間は、全ての人が平等に1日24時間という中で生活している。その貴重な時間を必要としている人のために、どうしたら役に立てるのか僕はいつも考えていた。

特に池袋駅は、成田エクスプレスを利用される人も多くいるので、海外から来た人のためにも、僕は英語アナウンスもしていた。これは新宿駅でも乗り換えが可能だが、階段やエレベーターを使って移動していただく必要がある。

しかし池袋駅の場合、降りた場所でお乗り換えができるのだ。海外から来た人や、これから海外に行こうとする人は、基本的に大きいキャリーバッグを持っているので、池袋で降りたほうが便利なのだ。実に些細なことであるが、これが多くの人の笑顔を生み出していたのである。

5-5 車内アナウンスの重要性

当然であるが、乗客は聞き慣れた通常のアナウンスよりも、トラブルが発生した時こそ正確な情報を求めている。今や通常のアナウンスは録音された自動音声が主流となり、到着の際に車掌が駅名を言うことは少なくなった。

では、具体的にどのようなことをアナウンスしているのかというと、乗り換え列車の発車時刻や、発車番線、忘れ物・落し物の注意喚起などだ。そのためダイヤ乱れが発生した時など、乗客は今まで以上に注目することになる。

例えば、「この先でトラブルが発生しているから現在地で1時間ほど停車する」とか、「降車駅で改良工事をしているからエスカレーターが使えない」「そもそも駅自体が使えないから迂回をしてほしい」という通常と異なる情報には乗客も敏感である。

もし、そのような状況に遭遇すると乗客は一斉に天井を見上げる。それはアナウンスが流れるスピーカーが天井についているからだ。そして、一斉にスマホや携帯を出し始める。おそらく、家族や仕事の関係者に連絡しているのだろう。そのように、乗客は必要な情報を常に求めて行動している。

車掌をしていると、実に様々な事象に遭遇する。その一つが、鉄道事故では誰もが知っている「人身事故」だ。尊い命が失われるこの事故は何としてでも防ぎたいところだが、実際のところ、多くの件数が発生してしまっている。

僕が車掌をしていた11年の間に、幸い当該列車で発生することはなかった。しかし間一髪ということは何度もあった。1つ前の列車、1つ後、今まで担当していて乗務員交代した直後、すれ違った列車などと本当に間一髪だ。

事故が発生したり、発生の危険性があると判断した時、乗務員は「防護無線」を発報する。この「防護無線」の正式名称は「列車防護無線装置」といい、何か非常事態が発生したらその装置を動作させ、付近を走行する列車を緊急停車させることができる。

この装置は1962年に発生した三河島事故をきっかけに開発されて採用されたものである。この三河島事故がどのようなものなのか簡単に説明すると、常磐線の三河島駅で列車3本が衝突し、死者160人、負傷者296人を出す大事故だった。

これは最初に貨物列車が出発信号機を冒進して、脱線し下り本線上に飛び出した。そこに来た下り旅客列車が衝突し、その衝撃で旅客列車が上り本線側に脱線、そこに上り列車が突っ込んだのだ。幾度と度重なる事故の影響で多くの人が亡くなってしまった。

列車は動いていなければ事故は起きない。そうであれば、危険と感じたらまず危険性を孕んでいる列車を停止させようという方針になったのだ。

現在は鉄道マンや警察官、救急隊なども含め、その区間に一切列車が入って来ることができないよう対策をしてから対応を行う（ちなみに保守作業員が工事や調査をする場合、列車の侵入を防ぐために「線路閉鎖」という対策を行う）。

そこで、車掌は「現在、運転を見合わせている路線はどこなのか？」「逆に、運転している路線はどこなのか？」など、指令員からの無線や電車の運転台にあるモニターに送信されてくる情報などを基に、情報を仕入れて車内アナウンスをする。

このような状況では、不慣れな乗客はとても不安になるだろう。特に、最近では外国人が非常に増えてきている。新宿駅や東京駅などに行けば、ここは本当に日本なのか？と感じることもある。

ダイヤ乱れ時には、日本人に対しても現在の状況を上手く伝えるのは大変だ。それが外国人であれば尚更だ。このような時のために、車掌はいかにわかりやすい言葉を使うか、というところに気を配っている。

僕が列車内で英語アナウンスを取り入れたのも、このような場合で外国人を含めた多くの乗客の不安を取り除くためだ。何かトラブルが発生して、駅以外の場所に緊急停車した場面で、わざわざ英語のできる駅員を遠くから呼んでくるわけにはいかない。

車掌のアナウンスは不特定多数の乗客に向けた情報提供という大事なツールである。そのため専門用語はなるべく使わないようにしている。しかし、鉄道用語以外でもどの言葉がアナウンスに適しているかという判断は非常に難しいところもある。

そこでJR東日本では、「車内アナウンスは、子どもでも理解できる言葉を選ぶように」と、このような基準を設け教育されているのだ。

ここまで明確になっていると、アナウンスについても自分が行ったものや、これから行うものについても考えることができる。

今では乗客も、スマホや携帯電話を持っており、すぐに情報を手に入れることができるが、現場の状況などをリアルタイムに把握して、乗客に詳しく情報提供できるのはやはり乗務員しかいない。

車掌の仕事は、自分が置かれた場面で、状況を判断して乗客に説明することを常に考えて行動することが大切なのだ。

5-6 先輩乗務員のしびれる言葉

人間は、慣れてくると基本を疎かにしたり、楽をしたくなる生き物だ。デスクワークの場合、自分の努力次第で早く仕事を終わらせることもできた。しかし乗務員の仕事は全てダイヤで動いているため、仕事を早く終わらせるということは不可能だ。

乗務員は出勤する度に勤務が変わり、生活のリズムも一定ではない。乗務員も人間だ。業務も早朝や深夜にわたるため疲れや眠気と闘うこともある。

その他にも、ダイヤ乱れやその他何らかの理由から、乗客に苦情を言われたりする。その時は、自分の気持ちをグッと堪えて頭を下げ続けるのだ。

そのような乗務員生活を続けていると、自分は何のためにここに存在しているのか？とナーバスになることも多々ある。そのような時に、いつも思い出していたことがある。それは先輩の「曲線区間で窓の外を見ろ」という一言だ。

これには何の意味があるのか？　車窓から綺麗な景色を見てリラックスしろという意味なのか？　いや、違う。今担当している列車全体を見ろということなのだ。

実際に直線区間で窓の外を見ても、いつもと変わらぬ景色が流れるだけだ。しかし曲線区間ではどうであろう。運転士は斜め後ろを意識し、車掌は斜め前を意識するのだ。もう、おわかりの人もいるだろう。そう、列車の全貌が見えるのだ。曲線であれば車掌室から先頭車両が見える。運転士であればその逆だ。それはものすごく長い。1車両20mある列車は、15両編成で全長300mである。

この300mの列車に何千人もの乗客が乗っている。その乗客の安全を運転士と車掌の2人が守っているのだ。そう考えたら、自然と気が引き締まる。

僕は、それを教えてもらってからは、常にそのことを念頭に置いて仕事をしていた。決して、自分の仕事がただの機械のスイッチを扱うだけのロボット人間にならないように。

列車が無人の自動運転であれば、決められた時間に発車し、決められた場所でアナウンスが流れるだけだ。車内で急病人が発生しても、誰かに伝えてもらわない限り、その事象を知ることすらできない。

人間だから感情があり、経験を基に咄嗟の対応ができることもある。AIなどの進化で身の回りがどんどんデジタル化していく中、僕たちがやらなくてはいけないことをしっかりと考えていく必要がある。

JRこぼれ話❺

車掌独特の鼻に掛かる声

あなたも電車の車掌のイメージといったら、あの声ではないだろうか？　活字で説明するのは非常に難しいが、鼻にかかる声だ。お笑い芸人を始め、鉄道員のモノマネをする時には必ずと言っていいほどネタになるが、一体何が由来だろう？

はじめに申し上げておくが、僕はこのような声でアナウンスをしたことはない。そして、僕の周りの車掌にもこのような声を出す人はいなかった。

僕は飲み会の席でリクエストがあれば、場を和ますためにやることはあるが乗務場面では一度もない（声を確認したい人は、僕が現役時のＹｏｕＴｕｂｅ動画をご覧いただきたい）。たまに、この声でアナウンスする車掌に遭遇することもあるが、本当に稀である。たまたま、僕のタイミングが悪いだけなのかもしれない。

なぜ、あのような声になるのかは説がいくつかあって、一つの理由がマイクの性能の問題だ。音質が悪い時代はその話し方のほうが声の通りが良いと言っている人もいる。

またもう一つの理由が、「鼻にかかる声」にすると言葉を噛まないという説だ。確かにハッキリ大きく口を開けて話すより、この話し方のほうが噛みにくいかもしれない。

アナウンスマイクが古い車両（115系）などは、アナウンスをする際も乗務員同士が打ち合わせを行う電話の受話器を使い、ボタン一つでアナウンスマイクと車内電話の切り替えをする。

このタイプの車両は、マイクを入れる時は微かだが、「ジー」というようなノイズ音が入っていた。このように古いタイプの車両を使っているところはまだ多いため、もしかすると、そのような路線に行けば独特の声の車掌に会えるかもしれない。

最近の車両は新型が多くなっていることもあってか、マイクの性能も上がってきているため、通常の声で話していても大概の声は拾ってくれる。実際にアナウンスをしている時にポイントやレールの継ぎ目部分を通ればその「ガタンゴトン」と車輪の音を拾う。

これから、よりリアルな車掌のアナウンスを追い求める人は、クリーンな声で練習してみることをオススメする。もしかすると、車掌だけではなく、アナウンサーという道も拓けるかもしれない。

第6章

▼

呑み鉄仲間に話したくなる鉄パン話

6-1 乗務員の勤務形態とは？

あなたもご存知の通り、列車は365日休みなく運行している。その列車を担当している乗務員は交代制で勤務に当たっている。

乗務員には「交番（こうばん）」といって勤務が割り振られている。これは例えば「30日交番」だとか「31日交番」だとか所属する組に分かれていて、その順番通りに勤務が回ってくるのだ。

乗務員職場によって全て異なるものなのだが、半月で一周することもあるし、2ヶ月近いこともある。同じ職場でさえも所属する組が違えば、この交番日数は異なる。

僕は乗客から「英語車掌さん、来月、またこの列車に乗ったら会えますか？」と聞かれることがあったが残念ながら会えない。この交番が理由だ。

例えば30日交番でA、B、Cと回って行く場合、1月1日にA行路を担当したら、30日で一周するので、1月31日にA行路がもう一度回ってくる。それが31日交番であれば、2月1日に回ってくる仕組みだ。

職場によって異なるが、大体2組～3組に分かれて、割り振られた列車を担当する。その他にも「予備」と呼ばれる組に定期的に入る。これは、体調不良や冠婚葬祭などのために休む乗務員の代わりに乗務する組だ。

予備組に属している乗務員の勤務は、基本的に前月の勤務発表の時に発表される。その時点で既に決まっている仕事もあるが、改札行路といって車内改札に入り、乗り越し精算や乗り換え案内をする場合もある。

改札行路を乗務している時に、ダイヤ乱れが発生した場合など乗務員無線や業務用携帯電話に連絡が入り、「これから○○駅に向かってほしい」と連絡が入ることもある。柔軟に対応することにより、ダイヤを少しでも早く回復させるように対応しているのだ。

このような勤務形態の乗務員は平日休みも多い。しかし、この平日休みはかなり使える。例えば区役所や市役所などの行政機関に行く用事が簡単に済ませることができる。

また、病院や銀行などに行く時や、ディズニーランドなどの大型テーマパークなどに出掛ける時も、かなり空いている時に行くことができるのだ。

また、平日休みということもあって、スケジュールの合いやすい鉄道員同士で行動することが多い。平日にも何か予定を入れたい人にとっては乗務員を目指すのもいいかもしれない。

6-2 列車内で通話している人への対応方法

車掌は、「携帯電話、スマートフォンをお持ちのお客さまへお願いいたします。車内ではマナーモードに設定の上、通話はご遠慮ください」というアナウンスを毎回行なうが、残念ながらこの問題がなくならない。

中には、本当にどうしても電話をしなくてはならない状況なのか、口元を押さえ、身を屈めながら通話をしている人もいる。

また近年ではイヤホンを付け、音楽を聴いているような状態で通話している人も少なくない。そのような人は独り言なのか、電話なのか判断しにくい。しかし、このような姿で通話すると逆に目立つので、すぐに見つけることができる（笑）。

通話でなくても、イヤホンから流れる音楽の音漏れもお声がけさせていただく。一番残酷だったのが、男性旅客のアダルト動画の音が完全に漏れていたことだ。イヤホンの差込みが甘く車内に響き渡っていた。その時にお声がけさせていただくのが一番悲しかった。

車内改札へ入ると、周りの乗客からも「注意してほしい」とお言葉をいただくことがある。

そのケースの多くが強面の人だ。確かにその乗客が直接注意できないのも頷ける。しかし僕も自分がかわいい（笑）。できることならばトラブルを避け、穏便にその場を収めたい。

僕は、そのような場合にどのように対応していたのか。そもそも、通話をしている相手に「恐れ入りますが通話は…」なんてことを直接言ったところで、相手は受話器越しの相手と会話しているのであまり気づかない。

だからと言って、威圧的に立ち、通話が終わるまでその場を動かないのも少し抵抗がある。僕はそのような時によく使っていたのが、ジェスチャーだ。

どちらの手でも構わないが、親指と小指を立て、「アロハ」のような形にして、それを電話に見立てて相手に気づいてもらう。そして気づいたら両手をクロスして頭を下げる。その時に言葉は基本的に発しない。

意外とこの方法で止めてくれる人が多いのだ。口元に手を添えている人は、通話は本来いけないと自覚しているからだ。

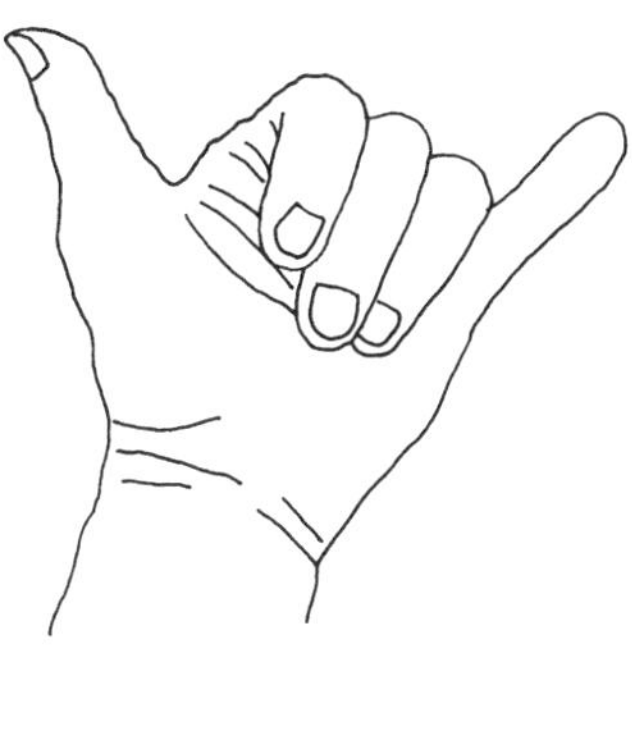

6-3 列車内で落し物や忘れ物をしてしまったら？

あなたは、列車内に忘れ物をしたことはないだろうか？　終着駅に着くと少なからず忘れ物や落し物がある。雨の日には無数のビニール傘が集積される。また、頭上の荷物棚などに買ってきたばかりだと思われるお土産や、急いで降りた人のスマホなど様々だ。

列車内で忘れ物をする時のパターンとして一番多いものが、自分の降りる駅で起きて停車していることに気づいた場合だ。例えば、起きた瞬間に列車のドアが開いている。プラットフォーム上の駅名表示や、列車のドア上のデジタル表示などで自分の降りる駅だと気づく。すると、焦ったまま自分の身の回りのものだけ持って、降りようとする人が多い。結果的に、頭上の棚などに「普通買ってきたばかりのお土産など忘れるわけはないだろう？」と思うようなものだけ取り残されてしまうのだ。

このような拾得物がどのようにして持ち主の元へ届くのかお伝えしよう。早く気付けば早く手元に戻るということは半分正解で、半分不正解だ。これは完全に運である。

確かに、駅に降りた時点で気づき、すぐに駅員に申告したとする。乗務員と無線や業務用携帯電話で連絡が取れれば、早めに捜索することができる。その時に、どれだけ駅員に詳細を伝えられるかがポイントになる。

例えば、①列車を特定できる情報（東京駅12：34発など）②乗車位置（3号車、進行方向に対して左側か右側か）③忘れた物の特徴（色や形、大きさなど）、このような答えが言えればベストだ。

しかし、運転士と車掌の2人乗務の場合は、連絡を受けてもなかなか対応できず、結局終着駅まで捜索できないこともある。そのような場合は、基本的に終点での捜索となるため、極端な話をすれば、上野東京ラインで例えると、群馬県の高崎駅で忘れ物をした場合、静岡県の沼津で捜索することもあるのだ。

そう考えると手元に戻ってくるまでには数日掛かってしまう。ここで助け船というわけではないが、忘れ物が多いと自覚している人は、最後部車両に乗ることをお勧めする。

それは車掌がいる車両のため、万が一の場合捜索しやすい。しかし、これは条件的なものであるため、あくまでも参考としていただきたい。

本来であれば、取りに戻らなくてはならないほど大切なものであるため、しっかりと身につけていただきたい。

6-4 後輩車掌が語った説得力のある話

鉄道員の中にも大の鉄道ファンがいる。その後輩と一緒に出勤した時の話をしたい。

僕が車掌になって間もないある日、車掌の同期である後輩（複雑だが、僕は車掌試験に5回目で合格したので入社の後輩と車掌は同期であった）と一緒の列車で出勤していた。

そして、列車が操車場の横を通った時に、急に興奮し始めた。「先輩、ヤバいっす‼」と何だか一人で盛り上がっている（笑）。

確かにその視線の先には珍しい車両が停まっている。後輩に状況を説明してもらうと、どうやらかなりレアな車両らしい。確かに沿線にも何人もカメラマンの姿が見える。

僕は、車両については全く知識がなかった。実は他人から「何が好きで鉄道員になったのか？」と、質問されたところで当時は答えられなかったくらいだ。

鉄道好きの人には申し訳ないが、僕は長沢さんと働きたい一心でJR東日本に入社したからだ（※3-10、「ついに車掌試験合格、その時の先輩の一言」参照）。

しかし、今になって同じ質問をされたら、迷わず「アナウンスマニアだ！」と言うだろう（笑）。それほど車掌アナウンスについて国内外問わず研究を続けてきたからだ。

思い切って、僕は後輩にこの車両について聞いてみることにした。そこで後輩からは驚くべき返答があったのだ。

「先輩はサッカーが好きでしたよね？　誰が好きですか？」

「ん〜？　ロナウジーニョかなぁ？」

「じゃぁ、鉄道ファンの僕からしてみたら、先輩の好きなロナウジーニョが今、まさに目の前に現れているのと同じ感覚ですよ!!」

「なるほど!!」

この時から鉄道ファンに対する考え方を改めた。鉄道ファンは鉄道を愛している。もし、僕が好きなサッカーを誰かに面と向かって侮辱されていたら、もちろんだが頭に来る。僕はこの一件で猛省した。それからは、鉄道ファンの味方になろうと決めたのだ。

ある日は、「サインしてほしい」と言う人にはサインをし、「発車メロディーを2.1コーラス鳴らしてほしい」と要望があれば、時間の許す限り応えるようにした。

僕はこの後輩との会話の中で、サービスとは何か？　というところについて学ばせてもらったのであった。

6-5 なぜお風呂がこんなに熱くて深いの!?

鉄道員は泊まり勤務が多い。それは、乗務員でいえば始発列車や最終列車を担当する場合もあるし、保線係員などは最終列車が通ったあと、翌日の始発列車が走る前に作業をすることが多いからだ。

そうなると、各職場に浴場も整備されているところも多い。大きさは本当にいろいろだ。シャワー室だけあるところもあるし、3〜4人が入れるような大きさ、数十人が一度に入れるような大浴場もある。

今回は、この数十人が一度に入れる大浴場について書きたいと思う。この大浴場はシャワーのある洗い場もたくさんある。30は下らないだろう。そして、もちろんだが湯船もとてつもなく広い。

僕がこの浴場を利用した時には、先輩と一緒だったが、「気をつけろよ!」と言われていた。何について気をつけるのかわからなかったが、湯船に入った瞬間にその意味がわかった。

僕は片足ずつ湯船に入ったが、まず温度が高い。通常42度くらいが適温だと思うが、43度以上はあったと記憶している。そして熱いと思いながらも、もう片足を入れるとその深さに驚く。僕は180cmの長身であるが、浴槽の底にお尻をつけて座ることができないのだ。その深さは立った状態で腰からヘソほどだ。これではゆっくり入ることもできない。知らないでボケーっと入ったら溺れてしまうレベルだ。

何故こんなに深いのか、先輩に聞いてみた。すると、ここの大浴場は昔から一度に多くの鉄道員が入るため、このように（熱く、深く）して、一人が入浴するサイクルを短くしているそうだ。風呂の温度が適温で、深さも丁度良ければ、長湯してしまう人も出てくる。しかし、熱くて深ければ、何分も入り続けてはいられない。

なるほど‼　そのようなことまで計算されて作られていることにはさすがに驚いた。一日の仕事の疲れを癒すためには多少ゆっくりしたい気持ちはあるが、国鉄時代の先輩たちが汗水をここで洗い流している姿を想像できた。

ゆっくり入るのは自宅の風呂でいいか、と変に納得しながらも、鉄道の安全を守り続けていた先輩方の仕事のサイクルを身近に感じられる大浴場であった。

6-6 あなたも一瞬でレールの製造年月日がわかる!?

これはかなりコアな話になるが、レールが摩耗したり、置石を踏み潰すなどして傷ができてしまった際には交換しなくてはならない。また、その他にも、ある程度経年による劣化もあるため定期的に交換し安全を守っている。

その際に、いつどこで作られたレールを敷設してあるのか一目でわかるように、レールにも製造年月日の刻印が施されている。

左の図だが、まず①の丸印に「S」と言う刻印は、八幡製鐵所（現・新日鐵住金）で製造されたレールという意味である。

次に、②の部分で「1952」という数字が見える。これが製造年で1952年に製造されたことで、③は製造月である。縦棒が何本も見えるが、これを数えていくと11本あり、11月に製造された物だということがわかる。

そして最後に、④の「OH」という刻印は、Open Hearth（平炉）という意味で、平炉製鋼法が用いられたということである。これは銑鉄と屑鉄、石灰石などを入れて熱して溶かし、不純物を除去して精錬する工法で、1977年までの間に中止されたと言われている。

その他にもレール種別などが刻印されており、レールの側面を見れば、情報がすぐにわかる。基本的にレール交換は「通過トン数」と呼ばれている計測方法があり、列車の車種や編成数からその車重を計算し、敷設されているレール上を通算何トン走ったかを測っている。

これを僕たちは「通トン（つうとん）」と呼んで管理していた。この通トンが増え、基準値に近づいてきたらレール交換を行なうのだ。そのため、列車の走行頻度が多い路線ほど交換頻度も高いというわけである。

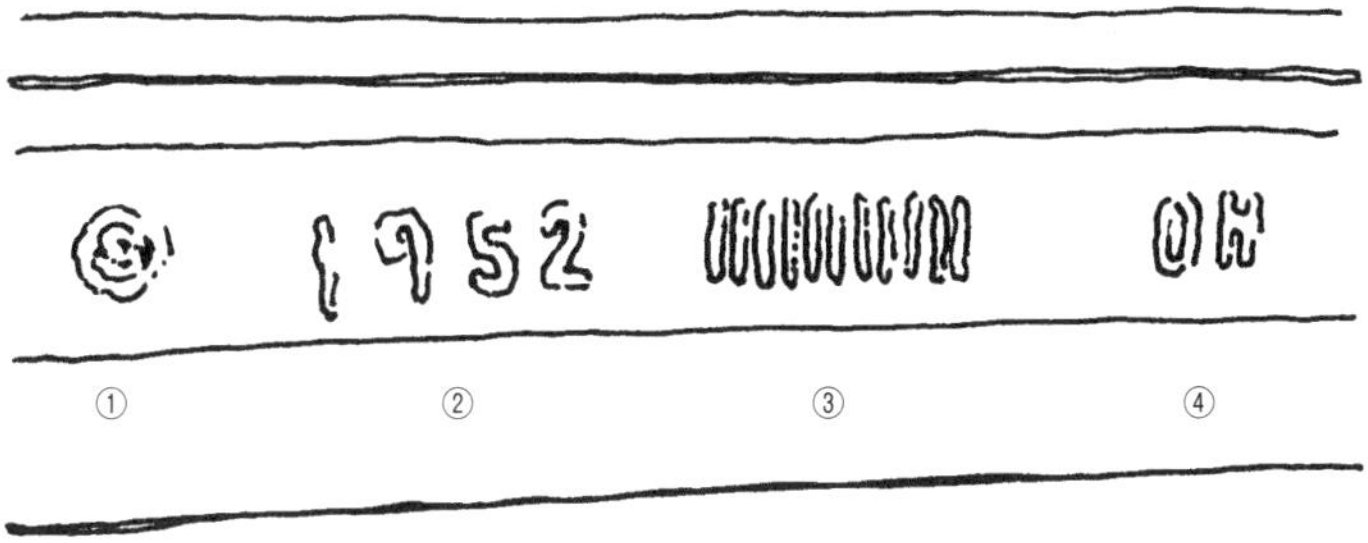

JRこぼれ話❻

鉄道員がなぜ「架線」のことを「がせん」と呼ぶのか？

あなたは、テレビのニュースなどで「架線（かせん）」という言葉を耳にしたことがあるだろうか？　この架線は、電車が走行するための電気を供給するために必要不可欠である。電車は通常、車両の上部にある「パンタグラフ」を架線に接し、電力を供給している。緊急停車した際に停電になるのは、安全のために運転士がこのパンタグラフを意図的に下げて、電力の供給を絶っているのだ。

路線によってはディーゼルエンジンによって走る「気動車」もあるため、この「架線」がない区間もある。僕の担当していた区間で最も近い路線でいうと八高線の高崎〜高麗川間だ。

さて、この「架線」であるが辞書で調べると「かせん」が正当だ。また一般的にも「かせん」と呼ばれている。しかし、鉄道員の中では「がせん」と呼ぶ人も多い。それは何故であろうか？

それは、鉄道員同士の意思疎通のために敢えて「がせん」と呼んでいるのである。例えば、大型台風が担当エリアに直撃したとしよう。そこで、無線から『「かせん」に異常あり。至急現場に急行せよ』と指示が入った場合、どの部門の社員が動いたら良いのだろうか？「架線」なら電力係員で間違いないだろう。しかし、鉄道員には「かせん」と呼ぶものがもう一つあるのだ。そう「河川」だ。

河川が氾濫の恐れがある場合、警備にあたるのは保線や土木、建築係員などである。今このように活字として説明しているのであれば、「架線」と「河川」の区別は容易である。しかし、言葉では単に「かせん」と言っても伝わらないことがあるのだ。

基本的に鉄道員が受ける指令員からの連絡は無線や携帯電話である。無線は、ただでさえ雑音が入れば聞き取りにくい。大型台風など災害の場合は風や雨の音などの外部の騒音も大きい。この聞き間違いが対応速度を遅くすることも十分に考えられるのだ。

その他にも時間のことを「7時」を「ななじ」と言う車掌もいるだろう。これも「1時」なのか「7時」なのか、それとも「8時」なのか区別をつけているのである。

これら全ての数字の2つ目の言葉が「ち」であるため、冒頭の言葉が聞き取れなければ、何時のことを言っているのかわからない。このように、長い鉄道経験から「聞き取りにくい」という乗客の声を活かしているのだ。

第7章

▼

緊急時の対応

7-1 忘れられない東日本大震災

2011年3月11日は僕にとっても、決して忘れられない日だ。この日は、ご存知の通り東日本大震災が発生し、太平洋沿岸部では、大津波による被害が多数発生した。もちろん、鉄道業界にも激震が走った。

地震発生当日は、JR東日本では新幹線と在来線の運転を終日見合わせ、関東・首都圏では私鉄と地下鉄の全線が運行を停止した。

鉄道はたくさんの人の移動手段である。帰宅難民も出ているし、一刻も早くこの状況を打破したい。そこで、すぐにJR東日本はこの東日本大震災の対策本部を立ち上げた。

鉄道員は1分、1秒でも早く運転再開をするために、昼夜関係なく動いた。設備系統社員は、徒歩やレールスターと呼ばれる専用の点検車などを使い、数百キロある全ての路線の安全確認をし、乗務員は、いつでも運転再開ができるよう24時間体制で待機していたのだ。

全鉄道員が協力して、翌日の3月12日に上越新幹線と長野新幹線（現・北陸新幹線）や僕の担当していた高崎線などの路線の運転再開が決まった。

僕は13日、日本で一番遅い最終列車、高崎線の989M（当時）の担当であった。通常は深夜の1時37分に高崎駅に到着するのだが、遅れもあってその日は2時過ぎに到着した。到着点呼が終了し、シャワーを浴び、3時頃寝室のベッドに入った。ただでさえ疲労度が高い行路だ。その日はすぐに寝ようと起床装置をセットして目を閉じた。

眠りについたかどうか記憶にないが、僕は自分の寝室のドアをノックする音で目を覚ました。誰かが「関くん、起きて！」と言っている。僕は、一瞬『ヤバイ‼　起床遅延（寝坊）をした‼』と感じて、とっさに「すみません‼」と叫んで着替えようと起き上がった。

しかし、時計を見るとまだ4時前だ。その声の主は同じ職場の先輩だったのだ。もしも、起床遅延をした場合、通常は管理者が起こしにくるはずである。何が何だかわからない。恐らく僕は凄い顔をして先輩の顔を見つめていただろう。

しかし、状況はこうだ。震災による計画停電で、「その日は朝から高崎線は1本も運転をしない」という連絡を受け、タクシーを使い、籠原にある職場まで戻ってくるように指示があり、高崎に泊まっていた同じ職場の乗務員が同じ時間に全員起こされたのだ。

その日は、結局数人で何台かに別れ、タクシーに乗って職場に戻った。結局その日は列車が動くことはなく、退勤時間まで待機していた。

7-2 計画停電から行なったドア対策

皆さんは、高崎線の籠原以北の区間に乗車したことはあるだろうか？

現在、この区間は半自動式（車両のドア横にあるボタンを押して開閉させる）でドアを開閉させる。各駅において、乗降したい乗客自らがこのボタンを押してドアを開けるのだ。

この半自動を導入した経緯についてご存知の人もいるかもしれない。これは２０１１年3月11日の東日本大震災の後に実施された、計画停電対策の一つである。

大震災の影響で大規模な節電対策が施された。列車内においても蛍光灯を等間隔に外し、暖房の使用を一時控えるなど対応したのだ。

大震災が発生した3月は、まだまだ寒い日が続いていた。そのために、車内温度の維持のために施された対策がこの半自動だ。この高崎線では、車掌が半自動でドアを開けると、ドア横のランプが点灯し、ボタン操作でドアの開閉ができる。

安全のため車外には開けるボタンしかない。ドアを閉める時には、内側のボタンを押して閉めている。首都圏でも一部の駅ではこの半自動が実施されている駅もあるが、違った取り扱いをしている駅もある。

僕は、この半自動が導入されていた当初、「恐れ入りますが、お降りの際にはドアの右横にあるボタンを押していただきますよう、お願いいたします」とアナウンスをしていた。

しかしある日、車内改札の際に気付いたことがある。半自動の際に使う、この開閉ボタンがドアの右横だけでなく、一部左横についている車両があったのだ。

そう、グリーン車だ。グリーン車は二階建て車両が使用されている。一部階段になるため、その箇所のドアのみ左側についているのだ。普段、あまり意識をしないで仕事をしていた証拠だ。その場で物凄く恥ずかしくなったことを今でも覚えている。それからは、アナウンスも「ドア横にありますボタンを…」と変えた。

今では、僕も日々乗客の立場として列車を利用しているが、このボタンを見る都度、その懐かしさに浸っている。

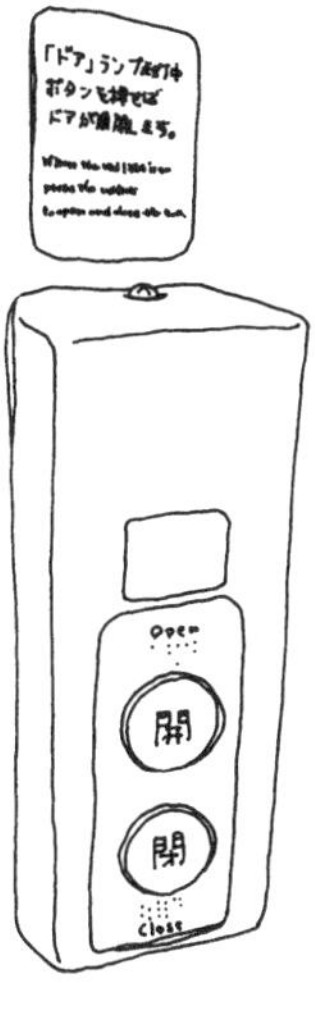

7-3 一度だけ振った赤旗

鉄道員は列車を誘導するために「合図旗」と呼ばれる緑と赤の2本の旗を持っている。夜はその視認性向上のため、「合図器」と呼ばれるライト式の合図を送るのである。

車掌になると、定期的にこの旗の振り方の訓練を行う。車掌は別名「列車防護係員」と呼ばれており、何か危険を感じた時にはこの旗などを使って、列車を停車させるのだ。

この旗は、車両同士を連結させる駅であれば、ヘルメットを被った係員が列車の誘導で扱っている光景を見たことがあるかもしれない。

旗は、列車の乗務員室にも常備されている。また車掌は一人1セット乗務用カバンの中に常に携帯している。実はこの旗は怪我をされた人の応急処置にも使うことができる。

ここでミニクイズを出したいと思う。

Q：あなたは車掌である。担当列車内においてトラブルが発生し、車内で流血している人を発見した。止むを得ずこの旗を応急処置として使わなくてはならない。さて、あなたはどう対応するか（旗は手元に緑色と赤色の2本しかない）？

①緑色旗を使う
②赤色旗を使う
③両方使う
④両方使わない

さて、あなたは何を選択したであろうか？

僕が先輩から教わった答えは、①の緑色旗を使う、である。流血だから同系色の赤色旗を選んだ人もいるかもしれない。しかし、赤色旗は列車を緊急停止させるためにとっておかなくてはならないということだ。

僕がもしこの状況に遭遇し、複数名怪我人がいたら、赤色旗は使用せずに着用している制服などを使い、それを止血に充てると思う。どのようなことがあっても列車防護係員でもある車掌は、列車防護について考えておかなくてはならないのである。

話は変わるが、僕は列車を緊急停止させようと、この赤旗を振ったことがある。それも車掌経験11年の中で、今回話すこの1回だけだ。

それは、JR線と私鉄線が並走している区間で起きた。僕が車掌として乗務している時に緊急停止でこの防護無線が発報され、付近を走る列車はすべて緊急停止した。運転士に発報理由を聞くと、線路内に人が立ち入っているというではないか。

僕もすぐに乗務員室の落とし窓を開けて周囲を確認すると、高齢の男性がJR線と私鉄線との線間を歩いている。このような状況を、乗務員は「線路内人立ち入り」と呼んでいる。

この場合、運転士か車掌の発見したほうが、防護無線を発報し、周囲の列車乗務員に危険を知らせるのである。

この防護無線を受信した列車はどのような状況であろうが、その場で直ちに停車しなくてはならない。これは決められたルールで、「あと5メートルで駅だからいいだろう」ということも通用しない。絶対にその場で停車しなくてはならないのだ。

もしかすると、あと5メートルの所で人が線路に転落していて、自分の列車に緊急停車を知らせているのかもしれない。

この防護無線の届く範囲は、発報した列車から半径2㎞程度だといわれている。

この防護無線を扱ってからも、指令員からの指示があるまでは線路に降りてはならない。

指令員がモニターなどを使って全ての列車が停車したことを確認してから、改めて指示を受けて行動するのだ。

しかし、この時「防護無線を受信した列車は直ちにその場で停車する」という概念が裏目に出てしまったのだ。僕の列車が防護無線を発報しているため、付近の列車は全て停車しているものと思っていた。

しかし、そこに盲点があったのだ。「ファン‼」僕の耳に微かではあるが汽笛の音が聞こえたのだ。僕はまさかと思い、落とし窓から顔を出して外の様子を確認した。

僕は目を疑った。『動いている列車がある‼』そう、付近のＪＲの列車は全て停車したのだが、私鉄線には届いていなかったのだ。僕は、私鉄線が動いていることに気づき、乗務員室の窓から大きく赤旗を振った。

幸運なことにその高齢男性はＪＲ線寄りを歩いていた。私鉄線とＪＲ線の間には、背の高い草が生い茂っている場所であったため、私鉄の運転士は気付かなかったのであろう。

その高齢男性は僕が無事に保護した。その後、応援に来た駅員に引き継ぎ、僕はその後の乗務を続けた。鉄道はいつどこで何が起こるかわからない。

7-4 駅で痴漢!? 女子高生の勇気ある行動！

ある平日の朝、僕は湘南新宿ラインの担当だった。通勤時間帯のこの路線は通勤・通学の人たちで溢れかえっている。僕の担当してきた湘南新宿ラインも、大宮駅以南では、駅員がなかなか閉まらない列車のドア閉めを手伝ってくれているほど混み合っていた。

新宿駅で乗務交代し、次の乗務の準備のため、事務室に向かおうとしていたところ、背後から大きな声が聞こえた。

「駅員さーん！　この人痴漢です‼」僕は車掌だが、後ろ姿では判断は難しい。「運転士さん」や「車掌さん」「駅員さん」もしくは「すみませーん」と声が聞こえたなら、一度は反応してみるというマイルールがあった。

後ろを振り向くと、遠くのほうに手を振っている人の姿が見えた。段々とその姿が大きくなってきたが、その光景に目を奪われたのであった。

女子学生が、その加害者と思わしき人の腕をガッシリと掴んでこちらに引っ張ってくるではないか。

腕を掴まれている男性は、そんな状況にも関わらず、ニヤニヤとしている。ちょっと気をつけなくてはならないパターンだ。すぐに駆け寄り、「状況を確認したいので事務室までご同行願います」と告げ、その男性と駅員のいる場所まで一緒に向かった。

僕は左手に「胴乱」という車掌カバンを持ち、右手で男性の腕を抱えている。先ほどまでは大人しかった男性も段々と、抵抗するようになってきた。

僕はとっさの判断で男性の左腕をロックした。僕は運良く幼少期から武道や格闘技に興味があり、少林寺拳法や空手、キックボクシングをかじっていたのだ。おかげさまで、これでも空手は有段者だ。普通の人では、なかなか僕が腕をロックしたら外せない。

無事に駅員と鉄道警察隊に引き渡せたが、被害者の女子高生は何事もなかったかのように対応していた。大概の痴漢の被害者は、精神的に参っていて、話しかけるのも難しいのだが、淡々と話してくれたので、早急に解決した。

しかし今回の女子高生のように、痴漢した人を引っ張ってくるような勇気がある女性は、なかなかいない。このような場合は列車内のＳＯＳボタンや、駅の列車非常ボタンを活用していただけたらと思う。まずは自分自身の身の安全を確保した上で、誰かに応援要請をしていただきたい。

7-5 列車内で盗撮発生!! その時取った行動とは？

ある日の午後、僕は上野発高崎行きの下り列車を担当していた。特に何事もなく、現在の走行区間は新町～倉賀野間である。あと2駅で終点だ。

烏川の橋梁を越え、僕は倉賀野駅の到着準備のため、八高線の乗り換え案内を終えて、状態看視（非常ブレーキに手を掛け、窓から顔を出しホーム上の安全を確認）に入る。その時、誰かが乗務員室前に来た気配を感じた。

僕の担当していた車両の乗務員室は、ほとんどの部分がガラス張りであるため、一点を見つめていても視界の片隅に入る。本当であれば、すぐに対応したい。しかし、グッとその気持ちを抑える。基本的に車掌は、状態看視中には旅客への応対はできないのだ。

この本を読んで下さった人は、車掌が窓から顔を出して前方を確認している時は、無視をしたくてしているのではないことを理解していただきたい。

倉賀野駅に到着後、その乗客から「車掌さん、車掌さん、盗撮！　盗撮！」と伝えられたのだ。詳しく話を聞くと、2号車にいる人（男性）が、向かい側で寝ている女性のスカートの中を盗撮したという。

「倉賀野駅で関係者は降りましたか?」と確認すると、「降りていない」と言う。それを聞いた僕は、数秒考えた後に判断をした。『よし、終着駅についたらドアを開けずに対応しよう!』。その判断は、10年以上の車掌経験から生まれたものだ。

倉賀野駅は、停車位置から駅員のいる改札口までかなりの距離がある。今から要請しても、時間的に倉賀野駅に常駐している駅員の数を考えれば、結果的に5分ほど走らせて、高崎駅で対応したほうが鉄道警察隊や駅員の応援が駆け付けてくれて対応が早いのだ。

倉賀野駅を発車させ、連絡ブザーで運転士に「電話にかかれ」と要請する。運転士は同じ職場の1つ下の後輩だ。

「2号車で盗撮があった。現場を見てくる。また、到着したら全ドア開扉は行なわず、現場からドアコックを扱い、対応する旨の許可をもらう。承知しておいて。また連絡する」

「了解しました。その間、指令から連絡があったら対応しておきます」

あと1駅で終着駅だ。到着してドア開扉してしまったら、当該者は他の乗客に紛れてしまう。だからといって、僕がここで当該者に直対応してしまったら、逆上したり逃げたりしてしまう可能性もある。そのため、鉄道警察隊と駅員に対応を委ねることにしたのだ。

僕は、教えてくれた人に案内してもらい、手前の1号車から盗撮した人の顔や服装などの特徴をインプットした。

僕はすぐに無線機で指令員を呼び出し、このような打合わせを行った。

「こちら◯◯M車掌。倉賀野、高崎間走行中。輸送指令応答どうぞ」

「こちら輸送指令。◯◯M車掌、内容どうぞ」

「こちら◯◯M車掌、2号車にて迷惑行為発生、終着の高崎駅にて、駅員と警察の手配をお願いします、どうぞ」

「◯◯M車掌、内容了解。詳しい場所を教えてください、どうぞ」

「2号車の海側、前から2番目のドアより車掌が引継ぎ可能。全ドア開扉は行なわず、そのドアのみドアコックで対応します。許可をください、どうぞ」

「2号車のドアコックを1つ扱う旨、了解。警察、ならびに駅員を手配します。ドア開扉時期については駅員と打合わせを行ってください、どうぞ」

「◯◯M車掌、内容了解しました。対応終了後に再度呼び出します、どうぞ」

僕は通常の乗り換え案内を行なった後に、このようなアナウンスをした。

「ご乗車ありがとうございました。落し物、忘れ物なさいませんようご注意ください。また、駅に到着して車内点検を行ないますので、すぐにはドアが開きません。恐れ入りますがしばらくお待ちいただきますようお願いいたします」

高崎駅に到着し、僕はすぐに2号車に向かった。打ち合わせ通りに鉄道警察隊と駅員がスタンバイしていた。すぐに協力して引き渡すことができた。

急いで乗務員室に戻り、「お待たせいたしました。まもなくドアが開きます。ご協力ありがとうございました」とアナウンスして全ドア開扉した。

運転士とエンド交換（折り返し運転のため、担当運転台を交代する）した時に後輩運転士にお礼を言いにいくと、「ナイスでした！」と言われた。僕のとっさの判断が正しかったのか、間違っていたのかはわからないが、無事にその仕事を終えたことに安堵していた。

基本的に何か問題が発生した時は、対応マニュアルに沿って行動する。しかし、マニュアルに全ての手順が載っているわけではない。乗務員はマニュアルに書いてあることをベースに、状況に応じて臨機応変に対応方法を変えなくてはならないのだ。

対応方法は、日頃から様々な状況をシミュレーションして、尚且つ、多くの失敗を経験してやっとモノにできるものだ。僕はこの経験から、また一つ車掌として成長できたのであった。

7-6 プラットフォーム上で大きく手を振る人

鉄道には多種多様な信号がある。代表的なものは出発信号機や閉そく信号機だ。これらが示す表示を確認して列車は走行している。これはあなたが普段自動車で公道を走行する時と同じである。

次に合図旗は、工事現場で誘導員が旗や誘導棒（赤色に光る棒）で誘導している光景を想像していただきたい。誘導員がこれらを大きく左右に振れば自動車の運転手は止まって次の指示を仰ぐ。それと同様に鉄道でも形は違うが、合図旗や合図灯を使用している。

そして、今回の「手信号」だ。プライベートまで旗を持っている鉄道員はなかなかいない。実は、何も持っていなくても列車防護ができる。それが自分の両手だ。トラブルに遭遇して列車防護をしなくてはならない場合には手信号を使えばいいのだ。

ある年の日差しの強い、夏の日のことである。僕は高崎線の下り列車の担当をしていた。

この日もいつも通りに発車ベルを鳴らし終え、乗務員室に乗り込んだ。最終的な安全確認をしている時、その異変に気がついたのである。前方のプラットフォーム上の旅客が頭上で大きく、両手を左右に振っているではないか。

これは「手信号」でいう「停止」だ。このような状況の場合、僕たちは必ず現場まで行き状況を確認する。これは、「三現主義」と言って、「現地・現物・現人」という観点から正しく現状を認識して対応する教育がされているからだ。

ほんの少しでも不安なことや気掛かりなことがあれば、列車を発車させないほうがいい。万が一トラブルが発生して、『あの時にやっぱり発車させなければよかった』などと後悔しても時既に遅しだ。

僕はすぐに現場に向かうことにした。一旦乗務員室を離れるため、僕は運転士にその旨を連絡し、輸送指令への一報を依頼した。

「もしかしたら、急病の人がいるかもしれない？　それとも、ケガ人か？」と、対応方法を考えながら現地に向かう。決して一秒たりとも時間を無駄にはしない。

現場に近づいて行くと、異変を感じた。急病の人がいれば、必ず周囲で一人や二人は慌てている人がいる。しかし、そのような様子は見られない。しかし、その旅客は変わらず両手を大きく振っている。

列車から降りて、改札口に向かっている乗客を避けながら現場に到着した。やっと状況が飲み込めた。孫を迎えにきた、おばあちゃんが孫に向かって手を振っていたのだ。久しぶりの再会でさぞかし嬉しかったのだろう。

僕は『うわぁ、そういうことかぁ』と心の中で感じたが、現状が掴めたので安心した。念のためその両手を振っていた人に話し掛けてみたが、やはり孫に向かって手を振っていたという。その他にも周囲の異常はなく、安全確認ができたのである。

このように、車掌も勘違いに似た判断をすることがある。しかし、当たり前のことだが、列車が動いていなければ重大事故は起こることはないのだ。徹底して安全サイドに物事を考えて列車を止めることで何も責任を問われることはない。

最近では事故防止のために、鉄道会社としても優先順位を決めて、緊急度が高いものから対応している。しかし、新しい車両や設備が導入されれば、また新しいトラブルも増える。安全対策は鉄道業界の永遠の課題である。

そもそも乗客の立場としても、わざわざ事故に巻き込まれたくて列車スレスレを歩く人はいないだろう。ご自身の身の安全を守るためにも、降車したらできる限り列車から離れて歩いていただきたいと感じている。

また、東京メトロでは、プラットフォーム上の黄色い点字ブロックより列車側を歩行している人に対し、駅の放送マイクを活用して注意を促している。完全に黄色い線より下がるまで発車させないというのだ。これは会社一丸で安全対策をとっている証拠であり、とても素晴らしいことだと思う。

また、あなたがもし、駅のプラットフォーム上などで危険を感じ、列車を緊急停止させる必要がある時は、近くにある非常停止ボタンを押していただきたい。その勇気が尊い命を守ることになるのだ。万が一、周りにそのような設備がない場合は、無理のない範囲で両手を大きく振り、向かってくる電車の運転士に知らせていただけるだけで感謝されるだろう。

僕がいた職場では、プライベートでも危険を感じたら列車防護ができるように社員全員に真っ赤なハンカチが支給された。これを赤旗として使おうということだ。真っ赤なジャンパーやマフラーなどを身に付けているのであればそのようなアイテムも使える。

しかし、赤いアイテムをプラットフォーム上で無意味に振り回したり、高く掲げながら歩いたり、今回のように両手を大きくあげ左右に振るなどすると、乗務員は緊急停止信号と判断し、列車が止まる可能性があることだけご承知いただけたらと思う。

7-7 乗客が激怒した日

僕が車掌になったばかりのことである。その日は事故のため、40分ほど遅れて上野駅に向かっていた。通勤時間帯という状況も重なって、かなり車内は混んでいる。

ここで輸送指令から運転順序変更についての連絡が入った。僕の列車を一旦大宮駅で待機させ、後から来る特急列車を先に通すという判断がされたのだ。

それもそのはず、本来ならば、すでに僕の担当している列車は終点の上野駅に到着している時間なのだ。ダイヤ乱れを最小限に抑えるためには、このような采配がなされる。

僕は大宮駅で特急列車を先に通す準備のためにアナウンスを行なった。この先の区間は路線構造の点から考えても、列車同士の待ち合わせはできない。もし、僕の列車が大宮駅を先に発車したら、後続の特急列車は、終点の上野駅まで物理的に追い抜くことはできないのだ。

また、大宮駅で特急列車に乗り換えたとすると、この列車より3～4分ほど早く上野駅に到着できると踏んでいた。大宮駅に到着すると、何人か乗客が直接問い合わせに来た。

「車掌さん、特急列車とこの列車はどっちが早く上野駅に着く？」

「特急列車のほうが3～4分ほど早く到着すると思います。しかし、特急料金が別にかかりますので、このままこの列車で向かわれてもさほど時間は変わりません」

と答えた瞬間だった。

「テメェ‼　俺は1分でも早く上野に行きてぇんだよ‼　特急料金がかかるとかそういう問題じゃねぇんだよ‼　バカヤロウ‼」

とお叱りを受けてしまったのだ。確かにそうだ。もし3～4分早く到着できれば、乗り換えできる列車もある。しかし未熟な僕は勝手に、数分の違いで「本来払わなくてもいい特急料金を支払う」ことに抵抗がある人が多いのではないかと判断したのだ。

乗客がどのようなことを考えているのかを考え抜き、必要であれば希望を伺い、その中で最善な判断を下すことが車掌として求められていたのだ。決して、自分の価値観を乗客に押し付けてはいけないのだ。

最優先に考えることは、その乗客が何を考えて、何を求めているのかを知ることだ。車掌は物ではなく人を乗せているということを念頭におかなくてはならない。僕は、それからは自分の価値観で仕事をすることがないよう細心の注意を払っている。

7-8 列車内でSOS!?　その時の乗客の神対応

ここでは列車内に具合の悪い人がいて、いち早く救護できた事例をお伝えしたいと思う。列車内には何か問題が発生した際に乗務員に伝えることができる「ＳＯＳボタン」というものがある。このボタンを扱うと、警報音とともに列車は緊急停車する。

もし、あなたも自分が乗り合わせた車内で異変に気づいた場合、このボタンを扱って乗務員にお伝えいただきたい。やはり、日頃から訓練をしているプロに来てもらい対応してもらったほうが良い。

乗務員は無線を使い、駅員や救急隊をすぐに要請できる。ご自身のスマホなどで救急隊に連絡してくれる人もいるが（ありがとうございます）、救助を要請する具体的な場所などを正確に伝えないと、逆に時間がかかってしまうこともあるのだ。

新しい形式の車両の場合、ＳＯＳボタンに応答マイクが付いていて、その場で通話ができるので状況が確認しやすい。このように今ではすぐに応対できるようになったが、僕が車掌になった頃は２１１系という車両が多く使われていた。

このようなタイプの車両の場合、ＳＯＳボタンが扱われた車両まで行き、そこで状況を確認するしか手段がなかったのだ。

高崎線は通勤時間帯には身動きが取れないほど混み合う。ある日、僕が担当している列車でも、その２１１系のＳＯＳボタンが扱われたのだ。

乗務員室内には、異常を知らせる警報音と、何号車で扱われたかという情報が出される。僕は、状況を確認するために現場に向かおうとしたが、身動きが取れないのである。結果、その号車に行き、状況を確認するまで10分近くもかかってしまった。

この時は急病というわけではなく、車内トラブルということであったが、これもまた、早めに対応しなくてはケガ人が出てしまう恐れがある。それから、僕はどのようにしたら早く対応ができるか考えることにした。

①今まで通りのやり方を貫き通す。②「すみません！　通ります！」と大声をあげながら現場に向かう。③「これより車内確認を行ないます」とアナウンスを入れてから現場に向かう。

同じような状況でこれら全部をやってみたが、残念ながらあまり効果が表れなかった。

何日か経ったある日、アナウンスを工夫してみたらいいのではないかと考えついた。車掌は、その担当列車の全員に聞こえるアナウンスマイクを使えるという特権がある。そう思ってからは、このケースで使えるセリフを考えるようになっていった。

数ヶ月後、やはり同じような状況でSOSボタンが扱われた。ある程度、僕の中でそのセリフが固まってきていたので、現場に向かう前にそのアナウンスをしてみたのだ。するとどうだろうか？　このアナウンスをしたことによって、満員電車の中央通路が一人通れる幅だけ一気に開いたのだ。この光景は、まるで神話の「モーゼの海」のような光景だ。そこを「失礼いたします。車掌です。通らせていただきます」と言いながら進むと、あっという間に現場まで確認に行くことができたのだ。

この時は、具合の悪い人がいて、次の駅で応援を要請しなくてはいけない状況であった。時間との勝負だったが、結果的に3～4分で運転再開して、次駅で救護ができた。

では、実際に僕はどのようなアナウンスをしたのだろうか？　それは、「ただいま、3号車においてSOSボタンが扱われています。車掌が進行方向の一番後ろ、1号車から3号車まで向かいます。そのため、中央付近にお立ちの方は恐れ入りますが、できる限り通路を開けていただきますようにお願いいたします」

このアナウンスを2回繰り返してから現場に向かったのだ。

よく、「以心伝心」という言葉が使われる。これは何も言わなくても自分の伝えたいことを理解してくれる、という意味があるが、列車内においてはそんなことは全く無意味だ。立派な大人であっても、明確に伝えないといけない。右に避けてもらいたいのか、左に避けてもらいたいのか？　乗客はどのように動いていいかわからないのだ。今回のように具体的に3号車と伝えれば、4～15号車の乗客は通路を開けなくてもいいわけだ。

今回の「モーゼの海」現象は、真ん中の通路を開けてもらえるように具体的に伝えたために起きた。そのため満員電車にも関わらず、乗客が協力して身を寄せ合い、体を斜めに傾けながらも中央の通路を開けてくれたのだった。

目の前の状況を見た目だけで判断してはいけない。そして自分の思い通りに動いてくれることも少ない。逆を言えば、自分の思い通りに動けないのであれば、自分の説明不足だと反省しなくてはならない。

その時、ご協力いただいた多くの方に向けてこの場を借りて感謝の言葉を伝えたい。

「本当にありがとうございました」

7-9 大晦日の乗務

乗務員は乗務交代制勤務のため、GWだろうが、年末年始だろうが関係ない。僕も車掌になってからは、かなりの確率で大晦日から元旦にかけて乗務することが多かった。

最近では、SNSなどが普及してきていることもあってか、変わったことがあるとすぐにネット上に流れる。例えば、「あけましておめでとうございます」とアナウンスを入れれば、喪中の人もいるため実際に苦情が上がるのだ。

また、どこの鉄道会社までは見なかったが、以前Twitterで「車掌さんがメリークリスマスと言ってくれた」というようなツイートを見かけたが、そもそもそのようなアナウンスをしていいのかどうか疑問である。

一聞、ロマンチックに聞こえるが、クリスマスはキリスト教のお祝いだ。ある一つの宗教のお祝い事を大々的にお祝いすることはタブーである。勝手な判断は苦情が上がる要素盛りだくさんのため、あまり行き過ぎたアナウンスはできない。

そのようなイベントの時は何か変わったことがしたくなるのが人間の性なのだろうか？

僕は年越し列車（僕が勝手に命名した年またぎの列車）の担当の時に、年が変わった直後の停車駅で「ご利用いただき誠にありがとうございました。本年もＪＲ東日本をどうぞよろしくお願いいたします」と言ったこともあったがそのくらいだった。

本来であれば、このようなことも言わなくてもいいだろう。常識を考えた中で車掌の判断が問われることになる。

僕が乗務した時は、英語アナウンスをするからか高確率でＴｗｉｔｔｅｒでは話題になっていた。やはり、このような時代であるから自分の発言には十分に気を遣う。

英語アナウンスは外国人の乗客のためにしているわけで、諸外国については日本に比べて宗教上の問題もあるため、言葉は本当に気をつけなくてはならない。

僕が特に注意していたことは、「Ladies and gentlemen」と言うフレーズだ。これは、現在まだ使用している機関もあるが、２０１７年11月にＬＧＢＴへの配慮で海外の鉄道会社で使用禁止になった。このことを受けて、上司やサービス関係に携わる社員と打ち合わせを行い、そのフレーズは一切使わないようにした。

このように、タイムリーな情報を仕入れて、乗客に対する配慮を考えてアナウンスもする必要があると思う。鉄道は本当に様々な人が利用する公共機関なのだから。

7-10 グローバル人材育成研修で学んだこと

僕が一番印象に残っている研修は、「グローバル人材育成研修」である。これは、グローバル化に伴い、英語を使ってビジネスを行う研修だ。

昨今では、本当に多くの国から日本を訪れてもらえるようになった。そのような時代だからこそ、やはり受け入れる側としたら正しい知識を身につけていかなくてはならない。

この研修は、実際に外国人や現役の外資系企業の外部講師などを招いて、実戦さながらの研修を受ける。

まず、今回僕が受けた研修は募集方法から面白い。研修を受けるためにはまず選考試験を受け、その試験をパスした人しかこの研修に参加することはできない。

この試験を受けるために、僕は、小論文を書き、何度も現場長に添削してもらい準備を整えた。その甲斐あって、僕も運良くこの研修を受講することができた。

この研修は本社主催の研修のため、僕は新幹線を使い、入社式や車掌研修と同じ総合研修センターに向かった。

入社式や車掌研修の時は、同じエリアの数十人でまとまって行ったのだが、今回は辺りを見渡しても知っている顔の人がいない。どうやら僕一人のようだ。

研修センターに到着して、入所手続きを行い、案内通りに研修室に入るとその受講者数に驚いた。受講者名簿には、15名程度しかいなかったのだ。他にもクラスが2クラスあったが、全部合わせても50人弱の人数だ。

『周りに知っている人がいなかったのはこういうことか』と感じながらも、数万といるJR東日本の社員の中から、僕がこの研修に選ばれた責任感を全身で受け止めていた。

実際に研修で、上司から「この研修の受講者には、海外赴任やインバウンド関係の業務に就くことを期待している」という内容の講義を受けた。

発展途上国にはこのJR東日本の技術を必要としている国がたくさんあることに気づき、改めてこの会社の凄さを肌身で感じた。そして、この研修を受けた人が、その海外の一線で活躍することもあると言うのだ。これは本当に働きがいもあり、夢が広がる。

実際に、海外に進出する場合は様々な知識を身につけていかなくてはならない。ライバルは日本国内だけではなく、全世界の鉄道会社だからだ。最近ではお隣の中国も、物凄い勢いであらゆる分野に進出してきている。これは、鉄道関係でも同じことが言える。

確かに、これからの時代にはグローバルな視点で物事を考えていかないと、ライバル企業にすぐに先を越されてしまう。また、個人的にも海外経験を積むことができれば、さらに自分の仕事に自信がつく、そういった意味からも本当に良い刺激になった。

研修自体は前期と後期に分かれたが、とてつもなく内容の濃い中身となった。実際に海外の政府を相手に交渉をするシミュレーションやプレゼン方法など、学びたくてもどこで学んだら良いのかわからないことが学べた。

中には、アメリカ人が海外支店の上司という設定でビジネスのやり取りを学んだり、文化の違いも含めたコミュニケーションの取り方などのシミュレーションもあった。

研修の中身は全て、極めて実践に近いものだ。この研修内では、アメリカ人講師や受講生との会話に日本語を使うことは許されない。たとえ、わからないことがあっても、自分の使える別の表現を使って会話をしなくてはならないのだ。

このような環境に身を置くことによって、英語を日頃から使う訓練ができたことは良い経験である。普段、多くの日本人が英語を話す時は、一旦日本語で考えてからその英訳にふさわしいフレーズを結びつけて口に出すことが多いのではないだろうか？　しかし、そうすると直訳になりすぎて、相手には何を言っているのかサッパリわからない状況になってしまう。そのような直訳にこだわるよりも、相手に少しでも気持ちを伝える努力をしたほうが、結果上手くいくことが多い。

このような研修は、よく探せば他の企業でも実施しているところもあるだろうから、機会があれば参加しておくと後々有利になるだろう。これからの時代は、海外に目を向けて仕事を進めていかなくてはならない。

本書を読んでくれている人の中には、学生もいると思う。そして、将来鉄道会社を目指す人もいるだろう。そのような人は、ぜひ英語にプラスして海外の文化や交渉の仕方などを、今のうちから身に付けられるように準備をしていくことをお勧めする。

僕は、この研修でたくさん学ぶことがあったが、これらのことを入社前に身に付けていたらどうであろうか？　即戦力である。

ＪＲ東日本や他の企業もこれからは世界で戦うことが多くなってくるわけだから、どこの会社にとっても必要な人材となるだろう。このような内容を教えてくれるところがなければ、僕のところに会いにきていただきたい。僕に伝えられることを全力でお伝えして、あなたをサポートしたいと思う。これから世界で戦う人の力になれれば本当に幸いである。

一緒に、一歩前に踏み出そう！

7-11 指令員との最後のやりとり

僕の最後の乗務は、2019年3月30日の早朝だった。この日は5時前に起床して、6時頃の乗務だった。通常、事務所から担当の列車までは徒歩で10分ほどだ。僕は最後の乗務ということもあり、ゆっくりとこの雰囲気を味わうため、いつもより早く出場した。

外に出ると、辺りはまだ暗いが、天気もよく清々しい一日の始まりだった。この制服を着て、この通路を通ることはなくなると思うと感慨深い。

僕は過去に、飛行機のパイロットが最後のフライト時に「私ごとではありますが、この便を持ちまして○十年のパイロット人生を終えることになり……」とアナウンスする便に搭乗する機会があった。

目的地に到着し、乗客が全員降りて空港に向かう途中で飛行機のほうを見ると、コックピット内からそのパイロットがずっと手を振ってくれていた。定年退職までその道を貫き通したカッコいいパイロットの姿は今でも記憶の中に焼き付いている。

飛行機の場合は、出発した空港から到着する空港まで基本的に同じクルーとその場を共有する。そのような場合は、最初から最後まで同じ行程を共にしているために連帯感が湧く。

しかし、列車は始発から乗っている乗客もいれば、途中からの乗客もいる。始発から終点まで乗っている人もそれほど多くはないため、そのようなアナウンスをする人もいない。そのため、いつもの通りに乗務が終わるものだと思っていた。

普段と変わらず決められた手順で発車準備を行い、始発駅を定時に発車した。最後のアナウンスとなると、自然とマイクを持つ手に力が入った。朝早いアナウンスは通勤通学などの乗り慣れている乗客が多いため、基本的に必要最低限のアナウンスしかしない。しかし、この時は敢えて不慣れな人の多い休日バージョンのアナウンスをした。鉄道人生最後に感謝の気持ちを込めたかったからだ。

いつも見慣れている車掌用の時刻表もこの時ばかりは違って見えた。鉄道員は駅名を呼ぶ時に「電略」と言ってカタカナ2文字に省略した呼び方をする。高崎（たかさき）はタカ、倉賀野（くらがの）はラノ、新町（しんまち）はマチとなる。

僕は、普段何も考えずにその電略を使っていたが、最後の乗務で「タカラノマチ（宝の街）」であることに気が付いた。なんだか幸せな気分になれた。

そんなことを考えながらある駅を発車すると、輸送指令から一つの無線が入った。

「こちら輸送指令、こちら輸送指令、〇〇E車掌、応答どうぞ」

「こちら〇〇E車掌、輸送指令応答どうぞ」

「これより、無線機の通話試験を行います。感・明いかがですか？　どうぞ。（※感明とは、無線機の感度と明瞭度を確認する鉄道用語）」

「こちらも、感・明、良好です。そちらいかがでしょうか？　どうぞ」

「こちらも感・明、良好です…」という返答の後、1秒か2秒かの沈黙が続いた。そのあと「車掌、これまで大変お疲れ様でした。これで無線終話いたします」

僕にはこの声の主が誰だかすぐにわかった。仲の良い友人である。しばらく会っていなかったが、どこからか僕の最後の乗務だということを聞きつけて、無線をくれたのである。

無線機の通話試験とは、何かトラブルが発生した際に指令員と乗務員が情報共有できるよう無線の通信状態を確認する通常の業務だ。

鉄道は、多くの人の安全や安心を乗せて運行している。また、無線はそのエリアにいる全ての乗務員が耳にする。基本的に私用の会話は厳禁である。

そのため、友人は無線機の通話試験という正当な業務のやり取りの中、尚且つ言葉を選んで気持ちを伝えてくれたのだ。先ほどの引退した飛行機のパイロットよりも何百倍もカッコいいことをしてくれたと思った。僕の顔の色んな場所から水が溢れ出て、鉄道人生最後のアナウンスはボロボロになってしまった。

籠原駅で鉄道人生最後の状態看視の態勢に入った。停止位置目標付近に何名かのグループが見える。近づくに連れてそれが誰だかわかった。花束を持ち僕を待ってくれていた人は、僕を車掌として独り立ちさせてくださった師匠、そして同期入社の仲間たちだった。

僕は、最後の乗務員の引き継ぎをいつも通り行なった。そして、師匠より先に引退すること、また退職まで一緒にいようと約束した同期に謝罪しながらみんなの顔を見ていたら、不覚にも声を上げて号泣してしまった。感情が抑えられなかった。

この時、周囲にいた乗客にも気づかれてしまったかもしれない。車掌はいかなる時も、乗客を不安にするような行動はしてはならない。僕は最後の最後でやらかしてしまった。車掌失格だ。しかし、この時ばかりはお許しください。

鉄道は実に温かい乗り物だ。しかし、鉄道員になるための現状は狭き門かもしれない。それでも、諦めなければこのようなドラマを体験できるかもしれない。時代はどんどん変化してきている。現在の僕のように鉄道員でなくても鉄道を仕事にすることもできる。

レールは何処までも繋がっている。そして、いつか何処かの駅で会いましょう。

おわりに

僕が鉄道員になろうと決めたのはある方の影響だ。幼い頃からお世話になっていた長沢さんという親の知人で、当時はJR東日本の主任車掌であった。

長沢さんは責任感がとても強い方で、僕たちが列車で旅行に行く時には、わざわざ休みを取って僕たちの添乗員の役割をしてくれていた。子どもは目についたことであれば何でも「あれ何？　これ何？」と質問ばかりである。しかし、嫌な顔を一つもせず何でも教えてくれた、本当にカッコいい車掌のおじちゃんであった。

そんな小さい頃からのお付き合いがあったので、プライベートでは敬語なんて使っていなかった。しかし、僕がJR東日本に入社し、周りの目もあるので会社内だけは敬語を使うような、そんな親しい関係だった。

長沢さんには娘さんはいたが息子さんはいなかった。その分、僕を我が息子のように面倒を見てくれたのだった。「JRに入るためにたくさん勉強をしろ。大地が車掌になったら俺が教えてやるからな！」とずっとエールを送ってくれていた。

僕は長沢さんが車掌の教導になってくれるなら、頑張ってJRに入社しよう、と決心したのだった。そして内定が決まった時、長沢さんは両親と同じくらい喜んでくれた。JR東日本は入社前に配属箇所が決まる。ある日、僕は人事課から保線配属と内命をもらった。僕はどこに配属されたとしても一生懸命職務を全うしようと思っていたが、誰よりも悲しんだのは長沢さんであった。

長沢さんはそれでも、誰よりも僕が車掌になることを望み、ずっとエールを送り続けてくれていた。この時、長沢さんは55歳である。

当時60歳の誕生月で定年を迎えるJR東日本で、長沢さんに車掌の教導になってもらうためには、4年以内に試験に合格しなくてはならない。1年に1回しかない車掌試験に合格するチャンスは最大で4回だ。

しかし、当時も保線係員から車掌になるというルートはほとんどなかった。保線に配属されると、保線のプロになることを期待されるのである。

実際に現場長のところに車掌試験の願書をもらいに行っても「考え直しなさい」、提出しても「考え直しなさい」ということを何度も言われる。全く応援ムードではない。

それはそうである。僕は3年ぶりにその職場に配属された新入社員だ。その僕が「職場を出たい」と言っているのである。

そんなことを何年も繰り返し、車掌に合格するまでに5年掛かった。ここで、お気づきの人もいるだろうが、皮肉なことに長沢さんの退職の年であった。間に合わなかった。

合格したことは嬉しかったが、長沢さんはもういない。すごく悲しい気持ちになったが、長沢さんの退職と交代で車掌になったということはその意志を継げということなんだな、と考え直し、前を向いていくことにした。

乗務員区に配属されると、「今度は運転士を目指さないか?」と話をもらう。運転士を希望してこの会社を目指す人も多いため、そのような人には運転士試験を後押ししてくれる環境は素晴らしいと思う。

しかし、僕は車掌がやりたかったのだ。僕はそれからも車掌に誇りを持って、ずっとマイクを握り続けていたのだ。ずっとエールを送ってくれた長沢さんがいたから、念願の車掌になれた。運転士試験は車掌になってから11年間一度も受けなかった。

それは、いつも乗客のことを考え、不安そうな人がいたら話しかけ、その不安を取り除いてくれるカッコいい長沢主任車掌をずっと近くで見ていたからだ。

僕が英語アナウンスを取り入れ、英語車掌と呼ばれるようになったのも、外国人の乗客が困っている姿をどうしても放っておけなかったからだ。

そして僕が車掌になって10年後、長沢さんは天国への列車に乗って遠い駅に旅立ってしまった。そしてそのあと、僕もJR東日本を退職した。

長沢さん、僕が退職してどう思っていますか？　もっと車掌を続けてほしかったですか？　もしそうなら安心してください。僕は何歳になっても車掌で居続けるために、「英語車掌」として活動を始めたのです。この仕事に定年退職はありません。ずっと車掌ですよ。

長沢さんの想いを引き継ぎ、全国の車掌を夢見る鉄道好きの子どもや鉄道ファンのために活動をすることにしました。見ていてください。これから僕は、たくさんの子どもたちを笑顔にする活動をしていきます。子どもの頃から僕を笑顔にしてくれ、そして夢の車掌になるまで応援してくれた、あの頃の長沢さんのように。

今後とも、車掌であり続ける僕を応援してください。長い間人生の乗務、本当にお疲れ様でした。ゆっくりとお休みください。「気をつけ、敬礼」


日本一高いスカイツリーの展望台にて。

素晴らしい未来と子どもたちの笑顔を思いながら。

読者からの質問に答えますコーナー

Q1 列車が遅延した場合でも出勤時間・退勤時間は変わらないのですか？

A 出勤時間に関しては変わりません。例えば出勤時間が午前8時15分だとします。ここで、通勤列車でトラブルが発生し1時間ほど遅れたため、午前8時30分に出勤したとします。この場合は、8時15分〜8時30分の15分間の賃金が差し引かれます。

逆に、自分の担当する列車がトラブルで遅れ、9時00分が退勤時間のところ1時間列車が遅れ10時15分に退勤した場合は、1時間15分退勤時間が遅れることになります。このような場合の超過勤務手当（残業代）は支払われます。

Q2 個人的に乗務の大変な時間帯はいつですか？

A 乗務の大変な時間帯はやはり、朝と夕方の通勤・通学時間帯です。僕の担当していた高崎線、湘南新宿ライン、上野東京ラインは長い編成で15両、多い時には5000人もの乗客を一度に乗せて走ります。この時間帯は特に気を遣っていました。

個人的なことを言えば、車掌になりたての20代の頃は比較的夜型の生活をしていたため、朝早くの勤務が辛かったです。しかし、結婚して子どもと一緒に生活し始めると、夜9時には一緒に寝ていたため、9時以降の乗務がとても辛かったです。

やはり、生活スタイルによって身体が順応していくのですね。

Q3 不規則な勤務の中、体調管理で注意した点はどのようなことですか?

A 乗務員は本当に体調管理に気を遣います。毎回、分単位で違う出勤時間ですし、乗務し始めたら2時間以上トイレに行けない状況もあります。

普段「2時間くらい余裕でしょ!?」と感じる人もいると思いますが、目の前にトイレがあり自分のタイミングで行ける状況と、乗務員のように一度乗務を始めたら、乗務員交代するまでなかなか行くことができない状況では精神的に違います。

そのため、乗務前の飲食物には気を配っていました。僕は比較的大丈夫なのですが、「乗務前にコーヒーは絶対に飲まない」と決めていた乗務員もいましたし、正露丸などの医薬品を常時携帯している人もいました。

Q4 不規則な勤務で家族とどのようにコミュニケーションを図っていますか？

A 確かに不規則な勤務ではありますが、1ヶ月のうちに土曜、日曜が必ず何日か回ってくるように調整されていましたので、そのような日には家族で過ごすようにしていました。

全体的に平日に休みや非番が多いので、テーマパークや旅行に出掛けるにしても比較的空いていますから、家族とコミュニケーションは取りやすいのではないかと思います。

また、市役所や病院にも行きやすいので、わざわざ休みを取らなくても用事が済んでしまいます。夫婦共働きの場合は喜ばれますよ。

Q5 休日には何をしていますか？

A 乗務員は平日休みが多いため、学生時代の友人などと予定を合わせるのは難しいかもしれません。そのため、基本的に同僚などと過ごすことが多くあります。

JR東日本の中には様々なクラブ活動もあります。僕はストリートダンスをしていましたので、気の合う仲間とダンスにのめり込んでいました。

僕はJR東日本に在籍時、「R・C・M」「GROOVER」「BO―JO―LAY」とい

うダンスチームで活動していましたし、今やアーティストのC&Kさんのバックダンサーを務める「ZEROSEN」というダンススクールに通ったりしていました。

有給休暇も割と取りやすいですし、仕事と趣味を両立させるためには素晴らしい環境だと思います。

Q6 子どもや鉄道ファンが乗務員室前に貼り付いている場合、やりづらいですか？

A 他の乗務員はどのように感じるかわかりませんが、僕はどのような状況でも仕事のやりやすさなどは変わりませんでした。

僕も一人の人間でありますから、車掌という子どもたちの憧れの存在でいられることに誇りを持っていましたし、子どもたちに接することで元気をもらっていました。もちろんこのことでサービスも向上します。

しかし、乗務員も安全確認をしているため、話し掛けていただいても残念なことに、全て応対できないこともありますのでご了承下さい。

Q7 車掌って、ぶっちゃけモテますか？

A その人の持つ人柄によると思います（笑）。しかし、常に不特定多数の人が乗車する列車ですから、毎回様々な人と出会いがあります。

いつも笑顔を振りまいている車掌のところには子どもたちが集まりますし、恋愛に関しても同じだと思います。逆に無愛想であれば近寄り難いのではないでしょうか？

しかし、これだけはお伝えしたいのですが、モテるモテないの判断で鉄道員になるのは避けたほうが良いでしょう。毎回、数千人の命をお預かりします。それ以上に重い責任を常に持ち合わせているとお考えください。

Q8 鉄道員を目指していますが、英語ってどのように勉強したら良いですか？

A 鉄道員を目指しているのであれば、まずは鉄道に使われている英語に絞って学習してみてください。そして、会話力を高めたいのであれば、しっかりと覚えたフレーズを声に出して実際の場で使っていくことが重要です。

僕は新宿駅など、外国人が多く訪れる場所で困っている人を見つけたら、積極的に話し掛け、覚えたフレーズが実際に使えるのか確認していました。

最初はあまり範囲を拡げずに、鉄道の応対場面で使える英語を習得し、段々と使えるシチュエーションを拡げていけば良いでしょう。

Q9 鉄道員は大規模災害などが発生した時は大変ですか?

A 鉄道員は日頃からトラブルが発生した時のために訓練を行なっていますから、その通りに行動すればスムーズに対応ができるでしょう。しかし、訓練の時に全力を出していなければ、本番で本来の力を発揮することは難しいです。

鉄道の仕事は大規模災害が発生しなくても大変です。常に危険や何らかのトラブルと隣り合わせですから常に気を張っています。

Q10 英語車掌SEKIDAIさんが今後の車掌に期待することは何ですか?

A 今後も日本国内では少子高齢化が進み、それに加え外国人旅行者もさらに増えていくことが予想されます。

そのような日々、状況が変わる中でトラブル発生時の英語アナウンスを始め、誰もが利用しやすい鉄道サービスを提供していただけると嬉しいです。

装幀　米谷テツヤ
カバーイラスト　永松 潔
本文デザイン　白根美和
本文イラスト　武内未英

関 大地 Seki Daichi
1984年群馬県生まれ。2002年、JR東日本に新幹線の保線社員として入社。2007年高崎線の車掌となり、後に英語アナウンスを導入、「英語車掌」と呼ばれるようになる。2019年JR東日本退社。同年、群馬県中之条町より「花と湯の町なかのじょうPR大使」を委嘱される。著書には『車内アナウンスに革命を起こした「英語車掌」の英語勉強法』（ベレ出版）がある。

乗務員室からみたJR
英語車掌の本当にあった鉄道打ち明け話

2020年3月17日初版第一刷発行
2020年6月4日　第三刷発行

著者　関 大地
発行人　松本卓也
発行所　株式会社ユサブル
〒103-0014　東京都中央区日本橋蛎殻町2-13-5
電話：03（3527）3669
http://yusabul.com/
印刷所　株式会社光邦

ISBN978-4-909249-28-9
定価はカバーに表示してあります。
落丁・乱丁はお手数ですが、当社までお問い合わせください。

●英語車掌ドットコム

●英語車掌SEKIDAI
Youtubeチャンネル